U0137844

新时代
培训师

教育学基础

李宝敏　陈　霞◎编著

上海教育出版社
SHANGHAI EDUCATIONAL
PUBLISHING HOUSE

序

社会培训作为教育培训的一个重要组成部分，在社会发展中起着不可或缺的作用，其办学规范与质量不仅关系到整个社会教育体系的健康发展，也关系到社会人才培养质量的高低。在技术飞速发展的数字化时代，培训师作为社会培训的重要从业者，其角色和职责也在发生着深刻的变化，教育教学方式也在持续不断创新。社会培训师需要不断更新教学理念和方法，不断提高自身的专业素养与教育培训能力，以更好地服务于教育对象的高质量发展。《新时代培训师教育学基础》就是在这一背景下应运而生的。期望本书能够为社会培训师教育教学能力的提升、促进高质量的社会培训发展贡献绵薄之力。

本书以培训师教育学基础为主题，是一本专门面向社会培训师的入门专业教材。本书关注当今社会和教育领域的发展趋势与需求，基于现代教育教学的相关理论、学习理论、人的发展理论等，遵循科学性、实践性、可操作性原则，坚持以学习者为中心，精心选编内容，从社会培训中教与学的基础概念入手，系统全面地介绍了培训师需要掌握的课程开发、教学设计、教学实施、教学评价方面的知识和技能，旨在为培训师提供有关教育学领域的基本教育教学理论和方法，以及教学实践中所需要的基本专业知识和技能。

本书共分为五章：

第一章社会培训中的教与学。本章带领读者全面认识社会培训，包括明确培训师的工作职责、学会理解学习者、掌握开展有效教学的教育理念和关键行为等，学习如何成为一名新时代专业的培训师。

第二章课程开发。对社会培训从业人员而言，课程开发是进行社会培训教学的首要步骤，也是一项必备技能。本章在理解课程开发基本内涵的基础上，引领读者结合具体案例掌握培训课程开发的五大流程、四大模式以及六大模型。

第三章教学设计。本章引领读者了解什么是教学设计、为什么要进行教学设计、教学设计理念的历史演进，以及如何进行教学设计。这一章内容具有较强的实用性，通过学习教学设计的两种经典模型与六种创新模型，搭配具体案例，开展教学设计实操，帮助培训师在教学实践中更好地进行教学设计，提升专业水平。

第四章教学实施。在社会培训过程中，教学实施是实现教学目标的重要阶段。按照教学的具体步骤，本章将教学实施分为教学准备、有效互动、课堂管理以及个性化指导四个方面。本章不仅帮助培训师有计划地开展教学准备工作，也为其在具体教学中如何有效互动、实施课程管理以及因材施教提供案例解析。

第五章教学评价。本章采用从评价理论走向评价实践的演绎方式——先从理解教学评价内涵开始，把握教学评价功能、理解教学评价分类、奠定教学评价理论基础；再沿着实践路径，选择教学评价模型、确定教学评价方法、开发教学评价工具、撰写教学评价报告，带领读者了解社会培训中教学评价工作的全过程。

《新时代培训师教育学基础》是一本兼具理论性与实用性的培训师入门专业教材，对广大社会培训的从业人员来说具有重要的指导意义。本书内容全面，理论联系实际，涵盖了培训师所需的教育教学的基本理论和技能，对于提高培训师的专业水平和教学质量具有重要的意义。

目录

第一章

社会培训中的教与学

　　社会培训在社会发展中有着不可或缺的作用，其改革与发展不仅关系到整个社会教育体系的变革，也关系到社会人才培养质量的高低，因此培训师被赋予了崇高而神圣的使命。自社会培训行业诞生以来，它满足了不同学习者对"补差性""培优性"和"发展性"的教育需求，提供了个性化、多元化的教育服务。如何满足人民群众日益增长的多样化的教育需求，实现社会培训的品质提升和内涵发展，是新时期我国社会培训从业人员的主要任务。为了帮助培训师出色地完成教学工作，本章将带领大家走进社会培训中的教与学，明确培训师的工作职责，学会理解学习者，掌握并实施有效教学的教育理念和关键行为，学习如何成为一名新时代专业的培训师。

本章框架

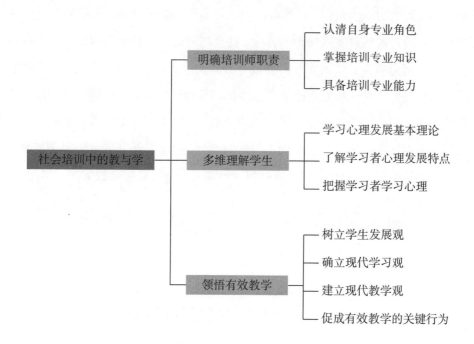

在开启本章的学习之前，首先要对社会培训、社会培训机构、培训师的概念进行界定。社会培训是由社会培训机构的相关人员在学习者闲暇时间组织并开展的，以提升学习者思想道德水平、发展综合素质、增强生活技能、培养创新精神和实践能力等为目标，对具有特定学习需求的学习者进行有偿专门训练或非学历再教育的教育实践活动。其中，社会培训机构是指社会组织或个人利用非财政性资金举办，以教育咨询和服务的名义注册，采取商业化运作，依据学习者的需要提供教学服务或教学产品的培训机构的统称。而培训师是指社会培训机构中依据学习者的需要提供教学服务或教学产品的专职教学、教研与教辅人员。下面让我们走进社会培训中的教与学，一起学习新时代培训师充当了哪些角色、应具备哪些能力，以及应如何理解学习者和开展有效教学。

第一节　明确培训师职责

【想一想】

社会培训在教育系统中具有重要地位，作为影响社会培训质量的第一资源要素，培训师被赋予了崇高而神圣的使命。然而，在过去很长一段时间里，社会培训机构的师资力量良莠不齐，培训师队伍中存在许多问题。此图是新华社发表的一篇主题为"聚焦校外培训机构乱象"的报道中的一幅漫画，漫画

图 1-1　注水师资①

---

① 图片来源：新华社，2021 年 4 月 22 日，王威（作）。

名称为"注水师资"。你如何看待这幅漫画所反映的社会现象？你认为培训师应该承担哪些基本的职责？

_____

_____

_____

_____

在过去很长一段时间里，我国社会培训市场的培训师准入门槛低，培训师队伍结构复杂，人员流动频繁。一部分培训师未经过专业的教学技能训练，甚至不具备教师资格证就上岗，导致培训师的整体素质偏低。然而，培训师作为社会培训品质及内涵发展的第一资源，是社会培训改革的重中之重，提升培训师的专业能力势在必行。作为一名合格的培训师，必须明确自身所承担的职责，具备完成教学及其管理工作所必需的专业知识和专业技能，承担起教育发展赋予的神圣使命，成为社会培训领域的专门人才。下面将带领大家了解在数字时代培训师所需承担的角色以及相应职责[1]，明确作为一名专业的培训师所需具备的专业知识[2]和专业能力[3]。

一、认清自身专业角色

角色观是培训师对当前职业的特点、责任等方面综合的认识，它影响着培训师的知觉、判断，进而影响其教学行为。本节结合数字智能时代社会对培训师的期望和要求，通过对现代培训师角色的论述，使培训师明确智能时代培训师角色的准确定位，帮助培训师履行职责，成为一名符合时代发展要求的培训师。具体来说，培训师需要扮演如图 1-2 所示的多种角色。

---

[1]　范国睿.智能时代的教师角色[J].教育发展研究，2018，38（10）：69-74.

[2]　陈琦，刘儒德.当代教育心理学[M].北京：北京师范大学出版社，1997.

[3]　张景焕.教育心理学[M].济南：山东人民出版社，2010.

图 1-2　培训师角色

（一）价值引领者

培训师是教师的一种类型，其价值观必须始终代表着人类先进文化的方向，确保人类先进文化的有效传承。在信息化高度发展的时代，文明冲突和价值多元必然造成意识形态、思想观念、生活方式、价值追求等多方面的社会问题，作为培训师绝不能随波逐流或是自我膨胀，而应当时刻反省自身言行，严格要求自己。现如今，科学技术高速发展，知识、信息充斥着我们的生活，挑战着我们的信仰、价值观、公共道德、社会伦理、社会规范。真正的教育意味着人格的引领、精神的提升、情感的熏陶和价值观的引领。雅斯贝尔斯说："教育是关于灵魂的教育，而非理性知识和认识的堆积。"[①] 因此，培训师应当成为学习者价值塑造的引领者。

（二）个性化学习指导者

当今时代，教育形态随着互联网的发展已悄然发生了变化，在信息化、网络化和智能化技术的支持下，学习者的个性化学习已成为现实。不同学习者对知识的领悟程度不一样，培训师必须根据每位学生的个性、特长和兴趣因材施教，激发学习者自身的潜力。培训师作为学习者的同伴，要与学习者建立融洽的关系，这样既有利于培训师与学习者很好地配合和相处，又有

---

① 雅斯贝尔斯.什么是教育［M］.邹进，译.北京：生活·读书·新知三联书店，1991.

利于培训师以平等的身份与学习者进行讨论和合作，与学习者共同进行有意义的知识建构，共同解决问题。在这个过程中，教学过程成为师生个性化的创造过程。培训师需要根据学习者个体的情况提供有针对性的指导，在交互式学习过程中培养学习者的创新意识、创新思维和创新能力，真正实现因材施教。

（三）反思与研究者

教学反思被认为是教师专业发展和自我成长的核心因素。培训师要不断对自己的教学进行反思和评价，强化对教学活动的自我觉察，发现和分析其中存在的问题，提出改进的方案。培训师之间可以互相学习，取长补短，观察分析同事的教学行为，帮助对方发现问题，共同提高教学水平。培训师还可以寻求专家小组的支持，通过专家的专业引领提高自身专业素质。此外，培训师在反思的同时还要成为一名教学研究者。没有哪一种教学理论能告诉我们在某一特定条件下该怎样做，而教学中的决策又要考虑到这些特定的背景条件，因此培训师必须对自己的教学进行研究，成为一名科学的研究者，这样才能以一定的理论为基础，灵活地解决实际教学中的各种问题。

（四）学习分析者

在智能时代，参与社会培训的学习者的学习方式和学习资源会发生巨大的变化，大数据、人工智能等技术在教学中的深入应用使教育系统中每时每刻都产生海量的学习行为数据，学习分析将成为培训师的一项重要基础性工作。未来教学将会越来越精准化，而培训师为学习者提供精准化服务的前提是对每一位学习者有一个基于数据的、动态的、即时的、全面的认识与分析。[1] 在智能时代，作为学习者学习活动的重要参与者，培训师应具备数据素养，成为一名学习分析者。通过学习分析即时掌握学习者发展的变化，以便及时调整指导与教学方案，同时培训师也可以凭借这些数据预测教学过程中可能会出现的问题，并采取应对措施。

---

[1] 陈建录，姚瑶，蹇世琼. 大数据时代教师角色的重新定位［J］. 教育理论与实践，2018，38（2）：33-35.

（五）教学创新者

培训师身负培养人才的使命，唯有创新型培训师才能培养出符合时代需求的创新人才。对创新的价值追求可以使培训师立于教育教学的不败之地，在职业生涯中脱颖而出。每一位培训师都应立志成为一名教学创新者，而实现教学创新要从教学问题解决出发，培训师需要具备问题意识和问题解决能力。问题解决意识是指在日常教学实践中能发现真问题，这是实现教学创新的第一步。在此基础上采取多种方法和途径解决问题是第二步。其中，信息技术在教育中的应用颠覆了传统的教育教学方式，成为创新教学最有价值的工具和伙伴。因此，培训师需要具备信息技术应用能力，在技术与教学的融合中实现教学的创新。

（六）终身学习者

知识经济时代，信息在不断更新。培训师要生存、要发展，就要不断提升自己的专业能力和专业水平。培训师需要通过学习改变自己的生存状态，以适应社会发展的变革。成为终身学习者不仅是时代的呼唤，也是培训师自我提升的需要。培训师必须具备终身学习意识，认清终身学习对自身成长和专业发展的重要性，利用互联网资源开展自主学习，在工作中不断引进、吸收新经验和新成果，充实、更新自身的知识储备。培训师要善于从教育实践中汲取能量和资源，具备一定的改革意识和创新精神，以适应现代教育教学的需要。入职后的继续教育和培训是培训师专业成长的重要途径，能够帮助培训师将专业理论与工作实践相结合，提高专业素养和教育教学水平。[①]

二、掌握培训专业知识

培训专业知识是指培训师开展教学工作所需要具备的专门知识，包括专业基本知识和专业通用知识两类。其中，专业基本知识包括学科和跨学科知识、教育教学知识和实践知识，专业通用知识包括沟通合作及课堂管理知识等。

---

① 李艳红，闫文军．小学教师实践性知识发展研究［M］．北京：科学出版社，2014．

（一）专业基本知识

培训师所从事的是特定专业教学的实践工作，需要具备丰富多元的知识。首先，培训师要对自己所教授的学科内容具有较深厚的知识储备，保证培训内容的科学性和严谨性；要了解自己领域的最新成就和发展趋势，具备与本学科相关的跨学科知识，以便学员遇到困惑时可以立即进行解答。其次，培训师要掌握教育学、心理学的基本理论和知识，遵循教育规律，学习科学育人的方法，在掌握学习者特点和教学规律的基础上开展高效的培训。除此以外，培训师还应具有实践性知识。实践性知识是一种多义的、活生生的、充满柔性的知识，是结合经验主动地解释、矫正、深化现成的知识而形成的综合性知识。实践性知识来自教学实践中的智慧，是一种体现培训师个人特征和教学智慧的知识，也是培训师在工作中需要不断积累和提升的知识。培训师的教学经验作为实践性知识，在很大程度上会影响自身的教学行为和教学效果。[1]

（二）专业通用知识

1. 沟通合作

培训师要与学员、同事、家长等多方人员进行多向的协调与交往，因此必须具备与他人沟通、合作的能力，这些人际关系的妥善处理是形成教育合力必不可少的保障。培训师须发扬团队合作精神，与其他培训师相互支持和相互学习，这样才能增长教学经验，更好地完成教学工作。同时，培训师还要建立与社会培训机构中其他岗位工作人员合作和相互支持的关系，促进培训各个工作环节的高效运作。其中，与学员的关系是培训师各类人际关系中最基本、最重要的关系。[2]培训师应掌握有效的沟通与表达技巧，尊重学员、赏识学员、公平公正地对待学员，与学员和平相处。

2. 课堂管理

课堂管理是培训师在教学过程中运用多种方法和策略，以达到良好的教

---

① 毕田增，敖国儒．新课程课堂教学行为创新 初中语文［M］．北京：新华出版社，2005．

② 国家教师资格认定考试命题研究中心．小学综合素质命题点及试题深度分析［M］．北京：机械工业出版社，2015．

学秩序和教学效果，使学员积极参与教学的过程。这是一种集教育科学与艺术于一体的富有创造性的工作，需要培训师维持学员的适宜行为，保持课堂秩序，对课堂突发事件做出迅速判断，并采取有效的处理方式。具体包括如下内容：

（1）创设良好的物理学习环境。不论是线上还是线下教学，创设良好的课堂物理环境是课堂管理的开端，培训师应做到精心设计、提前调试、减少干扰和促进互动。（2）合理地组织教学。这是实现良好课堂管理的核心。培训师应明确教学目标，合理组织教学内容，运用恰当的教学方式，以此激发学员的学习兴趣，提升教学效率。（3）建立课堂规则和程序，制定切实可行的处理各类突发事件的应急预案，及时处理各类课堂突发事件，控制教学现场。

三、具备培训专业能力

培训专业能力是指培训师在开展培训过程中顺利完成教学工作所需要具备的所有技能的集合，包括培训设计力、培训实施力、培训评价力和培训反思力。

（一）培训设计力

培训师应具备培训设计能力。首先是采取科学的方法调查学习者需求，这是设计培训方案的依据。其次是根据学习者需求筹划短期、中长期、年度培训计划及阶梯性发展计划等，设计出符合实际需要的培训项目和方案。培训方案主要包括确定培训目标和对象、设计培训活动、开发培训课程和资源、选择培训形式等。培训资源可以是已公开出版的教材、资料等，也可以由培训团队自主开发教材、课件资料。但不论资源的来源是什么，课程资源都应符合科学性、针对性、可接受性和新颖性等要求。培训师根据培训大纲的要求，结合对课程资源和课程任务、课程结构及教学进度的分析，设计出符合学习者认知规律、方法多样、形式生动的培训方案。

（二）培训实施力

培训师应具备培训实施能力。培训开始前培训师应做好教学环境中硬件与软件方面的调试，根据已有的培训方案，提前做好备课、磨课，以保证培训当天教学活动的正常进行。网络技术的发展使得在线教学和远程直播成为社会培训的新形式，因此培训师不仅需要具备常规的线下实施教学的能力，还需要具备在线实施教学的能力。培训师应有良好的语言表达能力与沟通技巧，这是培训师的基本功。培训师要发音准确，声音洪亮，使用普通话教学；应具备灵活组织与管理学员和活动的能力，既要有实践经验，又要有满腔热情；同时要能熟练使用各种现代化教学辅助工具，以便更好地将技术与教学融合。

（三）培训评价力

培训师应具备培训评价能力。培训效果可以根据学习者的满意程度、学习者的收获、对学习者所产生的影响等方面进行考量。采用恰当的评价方法可以调动学习者的学习积极性，促进学习者学习成果的生成，促进学习者持续发展。评价可以分为终结性评价和形成性评价。前者是指培训师在培训结束后对学员培训效果的概括，目的是呈现培训目标的达成情况。后者是指在培训各个阶段持续进行的过渡性评价，其核心在于提供最佳反馈信息来指导培训的进展。培训师应针对培训学员及培训内容的特点，采取多元评价方式以及多主体评价，如学员互评、学员自评和小组互评等，以评促学，提升培训的效果。

（四）培训反思力

反思是提升培训师专业能力的有效策略之一。培训反思力是指培训师以自己的教学活动过程为思考对象，对自己做出的行为、决策以及由此产生的结果进行审视和调整。培训师日常的反思应主要针对以下几方面展开：第一，反思预设的教学目标是否合理，以及学习者目标是否达成；第二，反思自己的教学行为是否合适；第三，反思自己的教育理念是否先进；[①] 第四，反思自己的活动设计是否合理；第五，反思学员的学习过程与学习状态；第六，反思学员的学习效果以及改进教学效果的方式；等等。培训师要主动反思，主动获取同事的帮助和他人的意见，要将反思的过程与已有经验相融合，实现个性化的自我专业能力的提升。

---

① 吴洁晴. 论提高教师教学反思能力的策略［J］. 读天下：综合, 2020(10):2.

第二节　多维理解学习者

【想一想】

在开展日常教学工作时，你一般会通过哪些方法和途径了解学习者（如学习需求、心理特征、学习兴趣等）？请列举在下方，并和同伴交流，看看谁的方法最实用有效。

了解学习者的小技巧：六途径

◇ 学习交流。培训师通过阅读相关心理学书籍、学习心理学课程来充实自身的理论知识。与同行内优秀的同事交流，从心理学专家、教育专家经过长期实践检验得出的规律中汲取经验。

◇ 日常观察。培训师在与学习者交往的过程中，有目的地观察学习者的外部表现，或与学习者进行沟通，从而了解学习者。利用教育观察所获取的信息比较真实，有较高的信度。

◇ 调查。培训师通过访谈、匿名问卷等途径获取学习者的有关信息。调查与观察相比更有针对性，能得到更多更为深刻的信息。尤其在匿名的情况下，学习者更容易表达自己的真实想法和感受。

◇ 测量。培训师利用各种科学量规对学习者的心理特征、性格品质、学习状态、学习成果等进行鉴定，从而获取详细信息。这种方式能在较短时间内获得较客观、准确的信息。

◇ 作品分析。培训师通过分析学习者学习中生成的作品以及学习者形成作品的活动过程来获取信息。这种方法会在不同程度上表现出学习者的能力、态度、价值观和性格特征。

◇ 智能分析。培训师通过人工智能、学习分析等技术获取学习者的信息。网络学习平台或智能设备等可以持续收集学习者的数据，建立数字档案，形成数字画像，帮助培训师获取学习者的学习特征、学习需求以及行为偏好。

全面了解学习者是培训师开展高质量培训的基石，对获取学习者学习需求、制订培训目标和计划、建立良好的师生关系、开展培训工作以及精准指导和管理学习者具有重要的意义。培训师只有准确了解、判断、掌握学习者的心理特征，才能针对不同学习者采取不同的教学策略，有的放矢地使每位学习者实现最大限度的发展。本节将介绍学习者心理发展基本理论、各阶段学习者的心理特点、各阶段学习者的学习心理以帮助培训师更好地理解工作中要面对的学习者。

一、学习心理发展基本理论

发展通常是指人类整个生命进程中所发生的一系列身体和心理变化，主要包括生理发展、认知发展、人格发展以及个人与他人关系的社会性发展等方面。[①]个体从出生到成熟，心理是在不断变化发展的。这些变化是有顺序的、不可逆的，通常在具体阶段会保持较长时间的稳定性，因此具有一定的规律性。下面介绍皮亚杰的认知发展阶段理论、埃里克森的心理社会发展理论，从认知、人格塑造和个性差异几方面帮助培训师掌握学习者心理发展的一般规律和特点。

（一）皮亚杰的认知发展阶段理论[②]

瑞士心理学家皮亚杰（Jean Piaget）将个体思维或行为动作的一系列组织化

---

① 吴红耘，皮连生.学与教的心理学［M］.6 版.上海：华东师范大学出版社，2020.

② 付建中.教育心理学［M］.北京：清华大学出版社，2010.

的模式称为认知结构,也叫作"图式"(schema)。他提出了三种图式:感知运动图式(或动作图式)、符号图式以及运算图式。动作图式是较早出现的一种组织化的行为模式,儿童通过它对外部客体或内部经验进行表征或做出反应。符号图式是在头脑里以心理符号(表象或语言符号)的方式被表征的经验,借用符号图式可以在没有直接操作的前提下去思考与解决问题。运算图式是指为得出符合逻辑的结论所进行的内部心理活动,表现为对思维对象的内部操作。皮亚杰认为儿童先天就具有"组织"和"适应"这两种心理过程来协调失衡状态,组织是一种加工过程,儿童通过它把已有图式组织成新的更为复杂的智慧结构。适应包括同化和顺应两种形式,前者是利用已有图式解释新经验的过程,后者是通过改变已有图式来理解新刺激的过程。同化和顺应的共同作用促进了认知的发展,进而形成更为完整的认知结构,以达到个体的图式与经验之间的平衡。儿童从出生到成人的认知发展不是一个简单的量的累积过程,而是伴随同化和顺应不断对认知图式进行组织或建构的阶段性发展过程。皮亚杰依据个体图式的发展变化将从婴儿期到青春期的认知发展分为四个阶段,各阶段以特定的顺序出现,并且每一发展阶段都以前一阶段的发展为前提。①

1. 感知运动阶段(0—2岁)

这一阶段发展的主要任务是感觉与动作的分化,即将感官经验与身体的活动相协调,以"建构"对世界的理解。皮亚杰认为初生婴儿只具备系列反射的行为图式,但到此阶段后期,婴儿能够发展并形成复杂的感知运动类型。出生后1个月,此阶段儿童在很大程度上仅练习先天的反射活动,并对新刺激进行同化和顺应。大约在1—4个月,婴儿出现简单的重复行为,自己能做出和控制某些反应。大约在4—8个月,婴儿不仅仅关注自身,行为开始转向外部客体,并能通过操作外部客体而给自己带来乐趣。大约在8—12个月,婴儿为达到目的,能协调两种或两种以上动作,是一种真正有计划的反应。大约在12—18个月,婴儿开始积极地作用于客体,并有目的地探索解决问题的新办法,如施加

---

① 肖少北,申自力,袁晓琳. 儿童发展与教育心理学[M].北京:科学出版社,2016.

一些新的作用于客体。大约在 18—24 个月,婴儿能运用简单的符号进行心理操作,而且对如何解决问题表现出一定的"洞察力"。"客体恒常性"(指儿童理解物体可以独立于他们的行为和知觉而存在或运动)的获得以及延迟模仿行为是这个阶段儿童利用符号进行操作的象征。①

2. 前运算阶段(2—7 岁)

运算是指内部化的智力或操作,这个阶段的儿童由于运动能力和运用语言符号的能力增强,儿童的言语与概念以惊人的速度发展,其感性经验大为丰富。儿童的各种感知运动图式开始内化为表象或形象图式,开始用词、想象力和图画来建构世界。其认知活动已经不只局限于对当前直接感知的环境施以动作,开始能运用语言或较为抽象的符号来代表他们经历过的事物。但这一阶段的儿童还不能很好地掌握概念的概括性和一般性,因此本阶段儿童的认知活动具有相对具体性,还不能进行抽象的思维运算,他们的思维还具有只能前推不能后退的不可逆性。此外,本阶段儿童在注意事物的某一方面时往往会忽略其他的方面,即思维具有刻板性。与思维的不可逆性和刻板性等特点相联系,本阶段儿童尚未获得物体守恒的概念。

3. 具体运算阶段(7—11 岁)

具体运算阶段的儿童开始接受学校义务教育,出现了显著的认知发展。这一阶段儿童的认知结构已发生了重组和改善,思维具有一定的弹性,儿童已经获得了长度、体积、重量和面积等守恒的概念,能凭借具体事物或从具体事物获得的表象进行逻辑思维和群集运算。但他们形成概念、发现问题、解决问题都必须与自身熟悉的物体或场景相联系,他们虽然已经具有抽象概念,但还不能进行抽象思维。因此,皮亚杰认为对这一年龄阶段的儿童应多做事实性或技能性的训练。此外,本阶段儿童已经能理解原则和规则,但在实际生活中只能刻板地遵守规则,不敢改变。随着分类和排序的获得,儿童获得了思维的可逆性。他们的思维开始逐渐地去集中化,能够学会处理部分与整体的关系,进行

---

① 肖少北,申自力,袁晓琳.儿童发展与教育心理学[M].北京:科学出版社,2016.

一些逆向或互换的逻辑推理。这时儿童能从别人的角度看问题，意识到别人持有与自己不同的观念和解答，他们能接受别人的意见并修正自己的想法。这是儿童与别人顺利交往、实现社会化的重要条件。[①]

4. 形式运算阶段（11—15 岁）

形式运算阶段的儿童，思维已超越了对具体的可感知事物的依赖，使形式从内容中解脱出来。在这个阶段，个体推理能力得到提高，能从多种维度对抽象的性质进行思维。他们的思维是以命题形式进行的，并能发现命题之间的关系；能够进行假设性思维，采用逻辑推理、归纳或演绎的方式来解决问题；能理解符号的意义，理解隐喻和直喻，能进行一定的概括；思维具有可逆性、补偿性和灵活性，思维发展已接近成人的水平。这种摆脱了具体事物的束缚，利用语言文字在头脑中重建事物和过程来解决问题的运算就叫作形式运算。

皮亚杰认为，所有个体的认知发展都会依次经历这四个阶段。认知结构的发展是持续建构的过程，每一阶段都有独特的结构，前一阶段是后一阶段的基础。虽然个体以不同的发展速度经历这几个阶段，但是都不可能跨越某一个发展阶段到达新的发展阶段。在阶段的转折时期，同一个体可能同时进行不同阶段的活动。皮亚杰的认知发展理论对培训师开展教学实践具有重要价值，带给我们以下几点思考。

其一是不主张人为加速学习者的发展，即不可以传授明显超出学习者发展水平的内容。过于简单或过于复杂的学习内容均不利于学习者的认知发展，培训师应该为学习者提供略微高于其现有思维水平的教学。其二是以学习者为中心，保持学习者的主动性和自主性，使他们参与到学习活动中。认知发展需要丰富的环境刺激，因此培训师需要为学习者提供充分探索和社会互动的机会。其三是重视个体差异。与学校教育考虑大多数学生的发展情况不同，培训师需要更关注学习者的个体差异，以保证培训内容与学习者的认知水平相匹配，使学习者得到个性化的充分发展。[②]

---

①② 邓艳红，任纪远，王学男，等 . 中学教育知识与能力［M］. 北京：中国人民大学出版社，2016.

（二）埃里克森的心理社会发展理论 [①]

美国发展心理学家爱利克·埃里克森（Erik H Erikson）构建了贯穿个体一生发展的"心理社会性"人格发展模型，尤其注重个人与社会环境的交互作用对人格的影响。他将人生全程分为八个阶段，指明了每个发展阶段的任务，并给出解决危机、完成任务的具体教育方法，有助于培训师理解不同发展阶段的人所面对的冲突类型，从而采取相应的措施，因势利导，对症下药。

1. 婴儿期（0—1岁）：基本信任和不信任的心理冲突 [②]

婴儿期的发展任务是满足生理上的需要，发展出基本的信任感，克服不信任感，体验希望的实现。埃里克森认为，儿童基本信任感的建立主要与母亲的照料有关，如果婴儿在生理需要的满足中体验到安宁和舒适，就会产生安全感和信任感；反之，如果母亲的照料有缺陷，婴儿将产生不信任感。成功解决本阶段发展危机的儿童敢于冒险，不怕挫折和失败，容易成为易于信赖和满足的人。而不能克服危机的儿童则胆小懦弱，易成为不信任他人、苛刻无度的人。

2. 儿童早期（1—3岁）：自主与害羞（或怀疑）的冲突

儿童早期的发展任务是获得自主感，克服羞怯和疑虑，体验意志的实现。自主性意味着儿童能按自己的意愿行事。埃里克森认为，自主性的发展与父母对孩子生活习惯的训练有关。比如，父母在训练时，如能掌握好分寸，给儿童足够的自主空间，并在不伤害儿童自尊心的前提下给予其必要的节制，儿童的自主性将充分发展。如果儿童受到过于严格的训练和不公正的对待，就会产生羞怯和疑虑。成功解决本阶段危机的儿童具有良好的意志品质，比如能进行自由选择和自我抑制，并具有不屈不挠的决心，有利于个人为未来的秩序和法治生活做好准备。如不能解决危机，儿童则形成自我怀疑的人格特征。

3. 学前期（3—5岁）：主动对内疚的冲突

学前期的发展任务是获得主动感，克服内疚感，体验目的的实现。埃里

① 肖少北，申自力，袁晓琳．儿童发展与教育心理学［M］．北京：科学出版社，2016.

② 王晓丽．学前儿童发展［M］．上海：复旦大学出版社，2014.

克森认为，在这一阶段儿童面临的问题是他们将成为什么样的人。经过前两个阶段的顺利发展，此时的儿童充满想象力，行为也更具目的性和主动性，对性别差异十分好奇且求知欲旺盛。儿童主动感的发展关键在于父母对儿童自我成长的指导与鼓励。如果父母鼓励儿童的主动性和想象力，他们便会发展较多的主动性和进取精神，获得"正视和追求有价值的目的的勇气"。如果儿童的想象力和创造性表现受到成人的嘲笑和挖苦，他们就会产生内疚感，丧失自信心。

4. 学龄期（5—12岁）：勤奋对自卑的冲突

学龄期的发展任务是获得勤奋感，克服自卑感，体验能力的实现。这一阶段的儿童开始接受系统的学校义务教育。在学校教育之外，家长也会选择为孩子报名校外各类培训班。非学历教育培训是学校教育的补充，对于满足学习者的选择性学习需求、培育发展兴趣特长、拓展综合素质具有积极作用。如果他们能顺利地完成学习课程，得到家长和学校教师以及培训师的认可、同伴的接纳，他们就会获得勤奋感，这使他们在今后的独立生活和工作任务中充满信心。反之，就会产生自卑。当儿童的勤奋感大于自卑感时，他们就会获得能力感的品质。

5. 青春期（12—20岁）：自我同一性和角色混乱的冲突

青春期的发展任务是建立新的自我同一性，防止同一性混乱，体验忠诚的实现。埃里克森指出，青春期因生理急剧变化及新的心理社会冲突，个体深感困扰和混乱，因此发展的关键是自我整合。自我同一性是自我整合成功的标志，此时个体知道自己是怎样的一个人，了解自己的需要、理想和责任，清楚自己的社会角色，能以自己的方式掌控世界，具有内在的自信。如果青少年在本阶段未能建立自我同一性，就会产生同一性混乱或消极的同一性。在自我同一性的形成过程中，青少年会体验到忠诚的实现，即尽管会遇到不可避免的矛盾，但也会忠于自己内心的誓言。这样，青少年最终能忠诚地献身于社会和职业。

6. 成年早期（20—25岁）：亲密对孤独的冲突

成年早期的发展任务是获得亲密感，避免孤独感，体验爱情的实现。埃里克森认为，经历第五阶段的发展后，青年男女需要在自我同一性巩固的基础上学会与他人共享。当两个人愿意共享和调节他们生活中的一切重要方面时，便获得了真正的亲密感。如果一个人未能确保自己的同一性，就会在与他人的交往中过分关注自己，不能忘我地关心对方，因而难以产生真正的情感共鸣，导致孤独感。青年如果能成功解决本阶段的发展危机，就会形成爱的品质，否则会导致两性交往混乱。

7. 成年中期（25—65 岁）：生育对自我专注的冲突

成年中期的发展任务是获得繁殖感，避免停滞感，体验关怀的实现。埃里克森认为，当个体获得自我同一性并拥有爱，以后的岁月中将过上幸福充实的生活，他将生儿育女，关心后代的繁殖和养育，同时承担社会工作。这一时期是一个人对下一代的关心和创造力最旺盛的时期，发展顺利的人们将获得关怀和创造力的品质。反之，没有繁殖感的人，其人格贫乏并发展停滞，只是一个仅考虑自己的需要和利益而不关心他人的人。

8. 成年晚期（65 岁以后）：自我调整与绝望期的冲突

成年晚期的发展任务是获得完善感，避免失望和厌倦感，体验智慧的实现。这是人生的最后阶段，发展危机表现为对自我整合的失望。埃里克森认为，拥有幸福生活，对自己持满意态度的人，当他们回首往事的时候，体验到生活的美满和人生的完善，能以一种"超脱的态度对待生活和死亡"。此时的个体，自我是整合的，充满生活的智慧。而那些在人生的旅途上留下太多遗憾和空白的人，则因无法重新选择人生而感到深深的失望和厌倦。

埃里克森的人格发展理论有助于培训师了解每一阶段学习者可能会面临的危机和解决的办法，帮助培训师深度理解学习者性格和行为形成的原因。该理论为不同年龄段的教育提供了理论依据和教育内容，任何年龄段的教育失误，都会给一个人的终身发展造成障碍。因此，培训师应该注重社会文化因素以及人与人之间的相互作用对人格发展的影响，培养个体应对危机并且促进自我发展的能力，成为一名热情负责、可信赖、教学卓有成效的培训师，用自身的人格力量影响每一位学习者。

二、各阶段学习者的心理发展特点

学习者心理的发展是有顺序、有规律、按照一定的模式向前发展的。不论是总的心理发展还是各种心理过程和个性心理的发展，都是由简单到复杂、由粗略到精细、由分化到综合、由低级向高级发展，这是一个不可逆的发展过程。个体心理发展由一个个具体的发展阶段组成，处于某一发展阶段的学习者具有该阶段同龄人共同的、一般的、典型的、本质的心理特征。[1]

（一）幼儿期

幼儿通常是指三到七岁的个体，幼儿期属于人生发展的初期阶段，是儿童正式进入学校以前的时期，所以又叫学龄前期（或学前期）。这一时期的幼儿在以游戏为主导的各种活动中心理和生理迅速发展。[2]脑和神经系统的发展为幼儿的认知能力发展提供了生理基础和物质前提。幼儿期是掌握口头言语的关键时期，是从外部言语（有声言语）逐步向内部言语（无声言语）过渡的重要时期，并初步掌握书面语言。该时期幼儿的感知觉开始完善，记忆容量开始增大，个性开始形成。幼儿的自我意识在四五岁时发展速度最快，情绪的社会性慢慢增强，家人是其主要的交往对象。同时，幼儿也需要有同伴交往机会。良好的亲子和同伴关系会使幼儿表现出亲社会行为，即谦让、帮助、合作、分享，甚至为了他人利益而做出自我牺牲的一切有助于社会和谐的行为及趋向，又称向社会行为、利他行为。[3]

幼儿期心理发展的突出特点有两个。其一是认识活动的具体形象性，幼儿主要通过感知、依靠表象来认识事物。直观、具体而又生动的形象能获得幼儿的注意，容易在他们的大脑中留下印象。幼儿认识活动具体形象性的产生与其脑及神经系统的发育有着直接的关系，同时与言语的发展也有密切关系。由于幼儿言语的连贯性、完整性以及逻辑性尚处于发展过程中，所以幼儿的抽象逻

---

① 何金彩，唐闻捷.大学生心理健康与发展［M］.杭州：浙江大学出版社，2005.

② 肖少北，申自力，袁晓琳.儿童发展与教育心理学［M］.北京：科学出版社，2016.

③ 刘爱书，庞爱莲.发展心理学［M］.北京：清华大学出版社，2013.

辑思维的发展受到了限制。其二是心理活动及行为的无意性，幼儿的心理活动及行为更多地由外界刺激唤起，往往容易被外界环境所左右。幼儿在行为过程中，经常会被外界刺激所吸引而改变自己的活动方向。心理及行为的无意性的最直接生理基础是大脑额叶的发育。人的高级心理活动的中枢在大脑的额叶部分。而额叶的成熟到 7 岁时才基本完成。额叶的基本成熟标志着儿童大脑皮质达到了相当的成熟程度，使儿童心理活动的有意性及调节性逐渐加强。①

（二）童年期

童年期一般指从六七岁到十一二岁这一时期，相当于现行的小学阶段，因此这一时期的儿童也被称为学龄儿童。这个阶段的儿童开始接受正规的学校教育，正规化的学习取代了学龄前的游戏玩耍活动。童年期学习者的心理发展特点可以概括为以下三点：第一，心理活动的有意性和自觉性进一步提高；第二，思维从以具体形象思维为主要形式逐步向以抽象逻辑思维为主要形式过渡；第三，逐渐形成集体意识和较稳定的个性。与此同时，儿童开始逐渐摆脱对父母的依赖，在与同伴的交往中促进自身社会性的发展。童年期是一个相对平稳的时期，因其心理发展的无尖锐冲突性的特点，为教育提供了极为有利的条件。

具体来说，该阶段的儿童感知觉发展很快，准确性和系统性不断提高。感知从无意性、情绪性向有意性、目的性发展，空间知觉从直观向抽象过渡，学习的自觉性也日益增强，注意力有很大发展。一般来说，7—10 岁儿童主动注意的保持时间为 15—20 分钟，12 岁以后为 30 分钟或以上。注意的保持时间与所学内容、教学方式是否生动、学习者是否感兴趣等密切相关，面对不感兴趣的事情会存在学习者注意力不稳定、不持久的现象。记忆仍以无意识记、具体形象识记和机械识记为主，对有趣的事情和具体直观的材料能很好地记住。想象力丰富，在他们的头脑中，现实与想象之间往往没有明确的界限。口语和书面表达能力都有明显提高，自我意识更加明确，尤其依赖权威人物的评价，十分

---

① 邹晓燕．幼儿的学习方式及理论依据《3～6岁儿童学习与发展指南》解读［J］．辽宁师范大学学报（社会科学版），2013，36（1）：56-61.

渴望得到教师和家长的肯定，以及在伙伴关系中寻找自我价值。情绪变化仍以较外露、不深刻、持续时间短为主要特点，随着年龄的增长，情绪反应向集体荣誉感、责任心、友谊感等高级情感活动发展。该阶段个体的个性特征不断增强，性格对他们行为的影响越来越大。心理专家认为，这是形成自信或自卑的关键时期，因而在此阶段进行有效的教育，使学习者形成良好的性格和习惯是非常重要的。[1]

（三）少年期

少年期一般指从十二三岁到十五六岁这一时期，相当于现行的初中阶段。随着个体身心发展的急剧变化，这是学习者开始向成熟期过渡的重要阶段，是在矛盾中发展的时期。有的心理学家把少年期称为"心理断乳期"，是既要离开成人保护又需要成人帮助的时期。这一时期，学习者的自我意识和独立意识明显增强，在心理上他们希望摆脱童年期的状态，尽快进入成年人的世界，扮演一个全新的社会角色。在行为上他们追求成年人的一些生活模式，模仿成年人行为的频率逐渐增多。但是他们在思维方式上还存在一定的片面性和表面性，对自身情绪的管理能力还比较薄弱，行为模式带有很大的可变性，缺乏挫折承受力和克服困难的意志力，社会经验比较欠缺，个性发展尚不健全。如果说童年期的个体主要关注外部世界的话，那么少年期的个体则向关注内部世界转化，个体心理变得复杂。

其心理特征主要表现在两个方面。第一，反抗性与依赖性并存。他们在与成人的交往中不再完全是被动的适应者、服从者和模仿者。由于个体的"成人感"越来越强烈，他们在生活中往往喜欢自己做主，当他们的行为与父母、教师的意见不一致，或者父母和教师过多地干预他们的生活时，他们就会表现出对父母和教师的反抗。但是他们在内心并没有摆脱对父母的依赖，只是依赖的形式与童年期有所变化。童年期对父母的依赖主要是生活上的悉心照料，而少年期的依赖则更多地表现为精神上的理解和支持。第二，封闭性与开放性并存。由于自我意识

---

[1] 付建中．教育心理学［M］．北京：清华大学出版社，2010．

的发展以及对他人评价的重视，少年期个体逐渐将自己的内心封闭起来，主要表现为在别人面前不愿过多地表露自己。如果他们对外部世界存在怀疑和不满的话，就会加重这种封闭性。但他们在隐藏自己的同时，有时又会感到孤独和寂寞，希望得到别人的关注，特别是希望有人来关心和理解自己。因此他们也想找到生活中的知己，一旦找到了他们就会敞开心扉，毫无保留地与朋友推心置腹。①

（四）青年期

青年期一般指从十六七岁到十八九岁这一时期，相当于现行的高中阶段。这一时期是个体在生理、心理上接近成熟的时期，也是准备走向独立生活的开始阶段。他们对世界、社会、自己和未来都开始有较清晰的认识和思考，人生观、世界观、价值观已经开始形成，因此该时期也被称为个体身心发展基本定型的时期。个体思维的独立性和批判性达到了较高的水平，表现在他们在看问题时不轻信、不盲从，注重理性思考，并通常在独立深入思考的基础上，可以提出自己的新见解，但他们也通常因此而固执己见。这一时期的青年更加关注社会，关心社会的政治、经济生活以及国内外大事和热点问题，也经常就此发表个人见解。他们开始意识到社会上人与人之间关系的复杂多变，意识到社会对青年人的要求和希望，会把这种社会要求与自身联系起来，并以此为依据调整自己的行为和理想。他们考虑问题不再盲目、幻想，而是更为实际。但他们仍存在追求新鲜与创造，过于急于求成的问题，这反映了他们仍不够成熟和缺乏社会实践经验。

该阶段的亲子关系经历着从少年期的叛逆疏远再到亲密的过程，个体一般能够与父母平等沟通，自觉地尊重教师，与教师建立良好的师生关系。同伴关系在其成长中有重要意义，他们往往喜欢和自己兴趣爱好相同的同伴交往并成为朋友，各种各样的非正式团体增多，有的可能拉帮结派组成不良小圈子。同时，异性间的爱慕相吸心理突出。青年期的情感与少年期相比，不仅更为丰富，而且也细腻、稳定和深沉得多。他们不再完全把自己的情感"写"在脸上，开始有能力控制并掩饰自己的情感。青年期的个体在意志方面也有了很大发展，不

---

① 刘爱书，庞爱莲. 发展心理学［M］. 北京：清华大学出版社，2013.

仅表现在处理外部世界人和事时具有较强的自控力，更重要的是表现在平衡内心世界的矛盾斗争中。他们的自我意识日趋成熟，自尊心日益增强，表现在能比较全面地观察、解剖自己，自觉进行反省和自我批评，有自我教育与不断进取的强烈愿望。对自己的过失能从动机、思想、心理根源上寻找原因，对于成功或失败能持比较谨慎、冷静的态度，情感起伏的波幅减小。青年期的学生自我意识虽已接近成熟，但仍未完全成熟，所以是人格塑造的关键时期。[1]

（五）成年期

成年期是人生各发展阶段中历经时间最长的时期，通常可以进一步细分为成年初期（18—35 岁）、成年中期（35—60 岁）和成年晚期（60 岁以后）。在成年初期，个人的健康、力量、精力和耐力达到巅峰状态，感觉能力和运动能力亦处于高峰期，智力继续向高一级水平发展，知识的获得与应用能形成良好的有机结合。这一时期个体的观察力具有主动性、多维性和持久性的特点，机械记忆能力有所下降，但其有意记忆、理解记忆占主导地位，记忆容量很大。想象中的合理成分及创造成分明显增加，想象更具实际功用。辩证逻辑思维成为思维的主要形式。个体思维中逻辑的绝对成分逐渐减少，辩证成分逐渐增多，思维从以形式逻辑思维为主向以辩证逻辑思维为主过渡。能应对社会相互矛盾的事件，不再用绝对的对与错衡量问题、不再相信绝对真理，而是具有相对的、辩证的思考能力，赞同那些相对于具体情况而成立的多重真理，思维更加灵活、宽容和现实。该时期正是探索自我、确立自我、塑造人生观和价值观的重要时期，成年人的思维变得更加复杂和丰富，逐渐能够应对不确定的、不一致的、矛盾的情境。受情境、经验、情绪、身体等因素的影响，成人的认知发展具有动态变化性，表现出灵活性、开放性、实用性和独特性。此阶段成年人的主要社会性任务是寻求友谊、开始恋爱、组建家庭、经营婚姻、开创并发展自己的职业与事业。

步入成年中期以后，成年人的创造力获得了进一步的发展和完善，并且在较长时间内保持很高的水平。成年中期是工作成功和权力的顶峰，也是投身休

---

① 付建中. 教育心理学［M］.北京：清华大学出版社，2010.

闲和娱乐活动的有利时期。大多数人的婚姻发展轨迹和婚姻形态大体相同，在成年早期完成结婚、生子。成年中期养育子女，成年后期子女离开家庭，夫妻两人共同度过晚年。

进入成年晚期，个体的生理机能发生了重大的变化，个体的所有感官都以大体相同的速度在退化，其中变化最显著的是视觉和听觉。男性和女性不同程度地体验着更年期带来的种种困扰，面临着慢性疾病的威胁。智力虽有所衰退，但并非所有的智力因素均衰退。人格也表现出一定的变化性，从发展的角度看，个体前半生的发展更多地表现为外倾性，个体要学习文化知识、发展友谊、寻找爱情、建立家庭和发展职业，以便胜任各种角色和承担各种责任。然而这种完全的外倾会造成个体的不平衡，个体在发展的过程中会遇到各种变化，也需要倾听内心的声音，进行反思和内省。随着年龄的增加，外倾需要逐渐让位于内倾，着重理解个人价值、年老变化和生活意义等方面，人格表现出内倾的特点，即内省日趋明显。①

三、各阶段学习者的学习心理

学习者的学习心理描述了学习者在不同阶段的学习特点和学习规律，包括学习的动机、学习的目标、学习的方式和学习在其生活中所占据的地位等。这些特征虽不能涵盖所有个体的情况，但能在一定程度上帮助培训师认识每个阶段大多数学习者的学习心理。

（一）幼儿期

中国现代幼儿教育的奠基人陈鹤琴认为，启蒙教育是人生中非常重要的教育阶段，幼儿早期所接受的教育关系着人一生的发展，具有积极的奠基作用。这一时期，幼儿对外界环境的各种新鲜事物充满求知欲，他们的探索精神也非常强烈，往往对各种事物都充满好奇，这种好奇心使得他们的学习意愿强烈。

---

① 刘爱书，庞爱莲. 发展心理学［M］. 北京：清华大学出版社，2013.

但与此同时，幼儿的身心都还处于发展的初级阶段，对各类事物的接受程度有限。幼儿的求知欲同他们自身理解能力的矛盾使得他们会选择将类似于现实生活氛围的情境融入自己的生活，这就是游戏。

游戏能促进儿童认知发展，使幼儿获得和巩固知识，锻炼和发展智力。尤其是专门的智力游戏，更能有目的地发展幼儿的各项智力。游戏能促进儿童的语言发展，为儿童提供语言表达的环境，语言中最复杂的语法和实用形式都是首先在游戏活动中出现的。游戏还能促进儿童情绪及社会性的发展，游戏常常给人快乐的情感体验，集中表现为儿童的成功感、自信心和自尊心的增强。在掌握语言之前，儿童通过自由游戏表达快乐，应对恐惧和创伤。在游戏活动中，儿童通过模仿成人的言行，体验成人的情感，为同情和移情的发展奠定基础。在社会性发展方面，游戏是自我意识发展的催化剂。通过游戏，儿童从发现自我、了解自我到发现他人、了解他人，逐渐学会使自己的意见和他人的看法协调起来，学会相互理解、协商、合作，学会对同伴让步以及被同伴接纳等。此外，在游戏中儿童还能学会控制冲动、自我控制、延迟满足。[①]

以幼儿的心理发展来探究幼儿的学习心理，可以发现幼儿在学习心理上往往具有直观性。幼儿由于年龄小，通过语言、文字等来接受知识的能力有限，他们往往对直观感受以及直接接触到的事物更容易理解。幼儿在思维中缺乏普遍性，由于对周围事物的理解具有片面性，使得他们感受的往往是事物的局部。在游戏的过程中，幼儿的思考习惯还表现为计划性、概括性和全面性不足，思维缺乏迂回性。幼儿思考问题往往比较直接，在换角度思考问题方面还非常欠缺。同时，他们还无法完成逆思维，也不擅于假设，幼儿通常通过游戏进行学习，游戏能使他们满足于自身的本能冲动，融入自己假定的环境中。在游戏中的幼儿十分容易受到周围其他小朋友的影响。幼儿擅于观察和模仿，往往具有强烈的观察与模仿意愿，他们会模仿周围人物，以发展自身的安全感。[②]

---

① 刘爱书，庞爱莲.发展心理学［M］.北京：清华大学出版社，2013.

② 周海燕.幼儿游戏与学习心理的博弈［J］.考试周刊，2018（22）：189.

（二）童年期

由于童年期学习者具有天真无邪、依赖成人、平静的心态、可塑的品格、极强的吸收能力等特点，使该阶段成为接受教育的黄金时期。有人把童年期称作人生发展的奠基时期。该阶段的学习者与幼儿期个体相比，在认知来源上，由以口头语言、形象实物为主，向以书面语言、非实物伴随的概念为主转变。在认知过程中，由自然情景的学习向特定情景中由教师指导下的有意识学习转变。这种变化促进了学习者对事物的认识由日常经验向科学概念转化，由掌握个别、分散的知识向掌握系统化的知识转化。儿童通过学习可以掌握科学文化知识，促使自身社会化，在此期间儿童的抽象逻辑能力、自我控制能力以及对自我能力的评价等都是通过成功地完成学习任务而发展起来的。

童年期儿童的学习具有更大的社会性、系统性、目的性和一定程度的强制性。该时期儿童的学习特点包括以下方面：由于认知能力有限，学习必须要靠教师的指导来完成；学习是超越直接经验，学习间接经验的过程；学习动机是学习的动力，学习兴趣在其中是最活跃的因素，在整个童年期学习兴趣是在不断变化的；在学习中要运用一定的学习策略，如果把学习动机看作"想学"的基础，那么学习策略则是"会学"的基础，该阶段儿童需要掌握一定的学习策略；学习过程是智力、品德、知识和技能的发展过程，对于儿童的教育应重视德、智、体、美、劳的全面均衡发展，把提升儿童的综合素质作为出发点和落脚点；从"学玩不分"到独立学习，该阶段的儿童仍然会把学习和游戏当作一个活动，比如不能安静耐心地听课、常出现自由而散漫的课堂表现等。对于这种情况，教师必须要有足够的耐心培养儿童学习的主动性和坚持性，让儿童逐步发展出独立学习的能力。①

该时期的学习者常常缺乏正确的学习目标和学习动机，感到很茫然，不知道为什么学、该怎么学，把学习看成一种负担，是完成父母交给的任务，没有内在的动机和兴趣。如若学习内容脱离生活，往往会使其更难以提起学习兴趣，而参与社会培训则可以改善学习者这样的状态，参与校外培训大多是源于兴趣。

---

① 刘爱书，庞爱莲. 发展心理学［M］. 北京：清华大学出版社，2013.

培训师可以将学习贯穿于学习者的日常生活和交往中,用轻松、愉悦的方式引导他们,随时给予表扬和鼓励,让他们体会到成功的喜悦,增强学习的自信心。

(三)少年期

少年期学习者的思维从以具体形象思维为主导的思维方式向以抽象逻辑思维为主导的思维方式发展。少年期的学习具有以下几个特点。(1)通过假设进行思维。学习者在解决问题的过程中逐渐学会通过假设来进行思维,即按照提出问题、明确问题、提出假设、检验假设的顺序来思考问题。(2)具有预见性。这里的"预"指的是学习者在面对复杂任务时,能够事先做好心理预判或设计一定的方案等。(3)思维的形式化。学习者能够在头脑中把形式和内容分开,可以离开具体事物思考事物之间的关系。(4)自我意识或监控能力明显增强。学习者能够意识到自己的学习过程,对自身的反省和监控能力逐渐增强。当然他们有时也会依靠直觉来思考,直觉思维对少年来说同样重要。(5)创造性增强。这是少年期思维发展的一个重要特点。创造性的增强得益于思维中假设检验能力的发展,这种能力的发展使得思维的内容必然会跳出旧的传统,并产生新的内容。[①]

该阶段学习者的抽象、概括和逻辑推理能力明显增强,学习迁移能力也有了很大提高,独立思考和判断能力增强。他们对发生在周围的人或事,不再人云亦云,而往往以"成人"的姿态表明自己独立的评价和见解。当与别人乃至成人的观点不同时,他们往往不会轻易地放弃自己的看法。"成人意识"的产生是该阶段学习者认知发展的一个重要特点。认知水平的提高和自我意识的增强,使他们往往会对他人的干预以执拗的态度予以反抗,甚至产生逆反心理。在情感意志方面,由于正处于身体迅速发育的时期,精力充沛,所以他们富有朝气,充满热情;但情绪不够稳定,易受外界刺激的影响而波动,忽而表现出充满激情和冲动,忽而又表现得悲观和失望。他们的自控能力总体上有了较大发展,在正常情况下,他们能够把自己的行为和所要达到的目标结合起来,并为之付出意志努力。但是,由于他们的情绪易受外界的影响而波动,所以当他们的自尊

---

① 刘爱书,庞爱莲.发展心理学[M].北京:清华大学出版社,2013.

心受到伤害或是为了满足某种不正当的需求时，往往会失去对自己行为的理智控制。心理学家认为少年期是情感发展最困难、最令教育者操心的时期。因此，培训师在与其沟通交往中面临的任务是艰巨的，需要承担的责任是巨大的。[①]

（四）青年期

由于此阶段学习者要面临升学和未来职业的选择，容易对未来产生迷茫，因此在情感上更加需要家人、朋友、老师的关怀和帮助。学习者往往将精力放在提高学习成绩上，因此参与的社会培训往往是以提高学习成绩为目标的学科类培训。在学习上两极分化日益明显，学习者的孤独感和焦虑感较强。具体来说，学习成绩会导致学习者不同的心理状态。对于表现优异的学习者来说，他们的积极心理得到一步步发展，如兴趣上升为乐趣，好奇转化为求知欲和探索欲。他们充满自信，学习已成为自觉的行为，并不断从中得到成功的心理体验。另一部分表现不足的学习者可能屡遭挫折，对学习的灰心、自卑甚至害怕等心态已渐渐固化，出现兴趣转移、偏科等倾向。这部分学习者的自信心进一步被冲击，造成恶性循环。对中等水平的学习者来说，固有的学习方法可能正是其处于成绩提升瓶颈期的原因，他们通常学习热情不高，处于一种被动状态，不知道该如何有效地努力。

这个阶段的学习者对高考既有期待又有恐惧，具体表现在容易走神和分心、不能集中精力学习、易受干扰、经常幻想将来等。他们感到很紧张，有的学习者恨不得现在就高考，不用再这样担惊受怕，这种期待容易出现焦虑心理。但是，他们一想到要真正高考又感到莫名的恐惧，怕自己考不上好的、理想的大学，所以他们的潜意识有时宁愿在幻想中满足。从而在上课和学习时容易走神，在他们回过神之后又感到很内疚和后悔，他们害怕这次分心会影响自己的学习。他们觉得自己如果考不上大学会很没面子和愧对家人，特别是一些自责心较强的学习者更是如此。过分紧张会影响正常的学习，长此以往恶性循环，导致各种心理问题的出现。

该阶段的学习者不论是身体还是心理的发展都已接近成人，他们的学习心理也呈现出与成人学习心理相似的特质。他们参与培训的目的性较强，如提高

---

① 付建中.教育心理学［M］.北京：清华大学出版社，2010.

某一学科的学习成绩，能真切地意识到自己的学习需要，并且有能力约束和控制自己。他们自主学习的能力增强，具有强烈的"自我指导性"，即自主负责地进行有关自己学习的决策，学习时可以刻苦钻研，勤奋坚持；尽管也出于一些外在动机，但其更本质的学习动机是自我提升。他们已经能明白学习是为了自己，所以容易与培训师平等地沟通，能够尊重他人。这个阶段的学习者能够辩证、客观地看待事物，批判性地接受来自其他人的观点；具备从事物的本质特征和属性出发掌握概念的能力，推理能力和逻辑思维明显进步，综合解决问题的能力增强。

（五）成年期

面对已经到来的知识经济时代，学习已成为人们生存和发展的必然需求，越来越多的成年人通过参加社会培训继续学习，提高自身科学文化素质和业务水平。美国成人教育学家马尔科姆·诺尔斯（Malcolm Knowles）认为，成人的学习心理有如下几个特点。

（1）成熟性学习心理。成人在身心发展上比儿童或青少年成熟，成人学习者可以自主决定学习的目标，选择自己的学习需要。在学习过程中能够发挥主体意识，并选择合适的学习方法进行持续学习。其自尊心较强，希望得到尊重和重视。这点在培训中具有特别的意义，培训师应避免伤害到成人学习者的自尊心。同时，成人已经完全社会化，对人情世故相当了解，因此他们会尊重培训师，对培训师的教学有所回馈和响应。[①]

（2）经验性学习心理。成人因为生活的历练，已经累积了相当丰富的经验。成人的经验可能是教学的助力，也可能成为教学的阻力。如何发挥经验的助力、化解阻力，是培训师在进行成人培训中需要解决的重要问题。在教学中，培训师要满足成人发表经验的心理需求，引导成人互学。由于经验的积累，成人可能会有一些先入为主的看法，而不愿意接受新观念，培训师应协助成人打破原有观点的偏见。

（3）角色性学习心理。随着年龄的增长、家庭成员的变化、职业的改变及职位的升迁，成人所扮演的角色在不断变化。当角色改变时，为适应新的角色

---

① 杨诚德.成人教育的学习心理及特性［J］.中国成人教育，2010（10）：2.

需要，成年人就会产生新的学习动机，促进自身追求新的知能。成人的学习意向和学习需求与其所承担的社会角色及其发展任务紧密相关。人越成熟，学习意向、学习需求越是紧密联系自身的"社会角色"和"发展任务"。

（4）问题导向型学习心理。成人一般在遇到问题或困难时才去参与或进行学习，所以成人学习往往是短期且极具目的性的。成人学习的问题导向性与其所要扮演的各种社会角色相连，成人学习以解决职业生活、家庭生活、社会生活中的实际问题为中心。因此，培训师要了解成人的这种学习倾向，明白以问题为中心的课程设计会使成人更感兴趣，让他们参与的学习动机也更加明确和强烈。

（5）时间性学习心理。对成人而言时间是有限的，反映在成人培训上就是成人的学习要求有明确的效果，每一时间的付出都要求有回报，每一堂课的参与都希望能有所获益。因此，培训师在安排成人学习活动时，应力求慎重，要有周详的计划，以使成人能获得实际的效果。培训师对于每一节课的教学活动都应有所准备，要能达到每一节课的教学目标，不能浪费成人的时间。①

第三节　领悟有效教学

【想一想】

分析漫画中呈现的现象，联系自身的教学理念，谈一谈你对下面这幅漫画的看法。提前学、超纲学会对学习者造成什么影响？你觉得什么样的教学才是有效的？请与大家进行分享！

---

① 杨诚德.成人教育的学习心理及特性［J］.中国成人教育，2010（10）：16-17.

图 1-3 超纲教学[①]

教学是培训师和学习者的协同活动，是培训师对学习者进行有计划、有目的的训练活动，是使学习者获得知识技能，发展素质能力，培养思想品德，达成发展需求的过程。教学作为专业化实践活动，是培训师工作的核心内容。领悟有效教学的真谛需要培训师树立学生发展观、确立现代学习观和建立现代教学观，了解促成有效教学的关键行为。

一、树立学生发展观

学生观即培训师对学习者的基本认识和态度。当前，我们正处在教育现代化的历史进程中，为了应对 21 世纪对高质量人才需求的挑战，培训师应确立现代学生观。在正确的学生观指导下，最大限度地开发学习者的潜能。

学习者的身心发展是有规律的。人的身心发展是一个连续的过程，同时又有阶段性。不同的年龄阶段有不同的年龄特征，一定阶段的年龄特征具有相对稳定性，但也有一定的可变性。认识学习者的身心发展规律是客观理解学习者的基础。学习者身心发展的规律，客观上要求培训师应努力学习、领会有关人身心发展的理论，熟悉不同年龄阶段学习者身心发展的特点，并依据学习者身心发展的规律和特点开展教育活动。[②]

学习者之间具有个性差异。个别差异是指学习者之间身心发展过程中所显示出来的比较稳定的心理特征上的差异，包括认知方面与人格方面的个别差

---

① 图片来源：光明网·读图频道·漫画。

② 方勇，李志仁.高等教育与国家创新体系［M］.重庆：西南师范大学出版社，2006.

异。这是因材施教的依据。培训师要尊重学习者的个性差异,要有针对性地进行教学。这样不仅有利于学习者个性特长的发展与完善,而且有利于学习者主观能动性的发挥,促进学习者的全面发展。

学习者具有巨大的发展潜能。过去不少人坚持认为学习者的智力水平是先天决定的,教育对此无能为力。然而科学研究证实人脑通过专门训练,智力水平可以明显提高。作为教育工作者,培训师应该相信学习者的确潜藏着巨大的发展能量,坚信每个学习者都是可以获得成功的。相信学习者的潜力,是把学习者作为发展的人来认识的重要要求。①

二、确立现代学习观

学习观是培训师对学习本质和学习过程的基本认识。确立科学的现代学习观,有助于培训师形成科学教学理念,把握学习本质,更好地促进学习者有效学习。学习不是知识由外到内的简单转移和传递,而是学习者主动建构自己的知识经验的过程,即通过新经验与原有知识经验的双向作用,来充实、丰富和改造自己的知识经验。学习者的这种知识建构过程具有三个重要特征:主动建构性、社会互动性和情境性。②

(一)主动建构性

面对新信息、新概念、新现象或新问题,学习者必须充分激活头脑中的先前知识经验,完成高层次思维活动,即需要付出高度心理努力的有目的、有意识、连贯性地对知识进行分析、综合、应用、反思和评价的认知活动。学习者要不断地思考,对各种信息和观念进行加工转换,基于新、旧知识进行综合和概括,解释有关的现象,形成新的假设和推论,并对自己的想法进行反思性的推敲和检验。学习者作为学习活动的主人,承担着学习的责任,需要对学习活动

① 马东峰.建构主义理论下的中学语文作业设计研究[J].卷宗,2015,5(7):1.

② 陈琦,刘儒德.当代教育心理学[M].北京:北京师范大学出版社,1997.

进行积极自主的自我管理和调节。

（二）社会互动性

学习是通过对某种社会文化的参与而内化相关的知识和技能、掌握有关的工具的过程，这一过程常常需要通过一个学习共同体的合作互动来完成。学习共同体（或称为学习的社会群体）即由学习者及其助学者（包括培训师、专家、辅导者等）共同构成的团体，他们彼此经常在学习过程中进行沟通交流，分享各种学习资源，共同完成一定的学习任务，因而在成员之间形成了相互影响、相互促进的人际联系，形成了一定的规范和文化。学习共同体的协商、互动和协作对于知识建构具有重要的意义。

（三）情境性

传统教学观念认为，概括化的知识是学习的核心内容，这些知识可以从具体情境中抽象出来，让学习者脱离具体物理情境和社会实践情境进行学习，而所习得的概括化知识可以自然地迁移到各种具体情境中。但是，情境总是具体的、千变万化的，抽象概念和规则的学习无法灵活适应具体情境的变化，因此学习者常常难以灵活应用所获得的知识来解决现实世界中的真实问题，难以有效地参与社会实践活动。因而，建构主义者提出，知识是生存在具体的、情境性的、可感知的活动之中的。它不是一套独立于情境的知识符号，不可能脱离活动情境而抽象地存在。它只有通过实际情境中的应用活动才能真正被人所理解。学习应该与情境化的社会实践活动结合起来。

三、建立现代教学观

教学观是培训师对教学的认识或对教学的主张。一般来说，有什么样的教学观就会有相应观念的教学行为，不同的教学行为会导致不同的教学效果。建立科学的现代教学观，有助于培训师把握教学本质，积累教学实践智慧。

教学是一种有目的、有计划培养人的创造性活动，培训师和学习者是教学活动中的主体。其中，培训师是教的主体，其主体作用体现在对学习者学习活动的引导与指导，即帮助学习者实现认识过程的转化，不断提高学习者的学习兴趣，在此基础上引导学习者运用知识、形成技能、发展能力。学习者是学的主体，是学习的主人，是教学过程中学习任务的承担者，是认识的主体，一切教学活动都要通过学习者来实施和落实。学习者是具有主观能动性、充满活力的人，是知识的主人。现代教学是一种多边活动，提倡师生、生生以及人与技术环境之间的多边互动，多向交流能极大地提高学习者的参与度。

现代教学不再是传递客观而确定的现成知识，而是要激发学习者原有的相关知识经验，促进知识经验的"生长"，促进学习者的知识建构活动，以促成知识经验的重新组织、转换和改造。教学要为学习者创设理想的学习情境，激发学习者的推理、分析、鉴别等高级的思维活动，同时给学习者提供丰富的信息资源、处理信息的工具以及适当的帮助和支持，促进他们自身建构意义以及解决问题。培训师在教学中应当尊重学习者的主体地位，激发学习者的主体意识，调动学习者主动学习的积极性。[①]

现代教学要求培训师更加关注人的发展。教学绝不是单纯地传授知识，更重要的是培养学习者的能力，发展学习者内在潜能，全面提高学习者素质。因此，培训师要转变教学观念，从注重学习者外在变化转向注重学习者内在变化，从强调学习的结果转向强调学习的体验，从封闭的教学组织形式转向开放的教学组织形式，从"教会学生"到"学生会学"的转变。这些特征为培训师设计教学活动提供了思路，如开展情境化、支架式、探究式、项目式、问题解决式教学，这些教学模式对教学实践产生了巨大的影响。

四、促成有效教学的关键行为

在过去几十年里，关于如何界定什么是"好教学"发生了一场革命。经过多番探讨，专家们一致认为定义"好教学"要从教师对学习者的影响角度出发，

---

① 刘儒德.发展与教育心理学［M］.北京：人民教育出版社，2007.

所以"好教学"这个术语变为了"有效教学"。根据众多研究者和教育专家多年评估课堂的实践结果，从中发现有五种行为可以促成期望的学习者行为，并且已经被证实是实现有效教学的必备因素，我们将它们称为促成有效教学的关键行为，分别是授课清晰、教学多样化、任务导向、学习者参与学习过程和学习者成功率。表1-1是对这五种行为的具体说明。①

表1-1　促成有效教学的关键行为

行为	内涵
授课清晰	授课清晰是指授课的清晰程度，包括：明确提出观点，使处于不同水平的学习者易于理解；清晰解释概念，帮助学习者按照逻辑顺序逐步理解；表述直接，使学习者能够听清，避免分散注意力
教学多样化	教学多样化是指上课时讲授方式的变化性或灵活性。在教学中创造多样性最有效的方法之一是提问，其次是对学习环境、多媒体学习资源以及各类学习工具的使用
任务导向	任务导向是指培训师将多少课堂时间用于学术性主题。学术性主题是与学习者学习相关的各个小任务，课堂上分配用于特定主题的时间越多，学习者的学习机会也就越多
学习者参与学习过程	学习者参与学习过程也可称为学习者投入学习的时间，指学习者在课堂中投入学习的时间量，即学习者积极投入学习材料，在教师的带领下积极地思考、处理和应用所学的内容
学习者成功率	学习者成功率是指学习者理解和正确完成学习任务的比率。这是检验教学有效性最直接的方式。高成功率能提高学习者的自尊心，使学习者产生积极的态度，为达到更高成就水平提供动力

【想一想】

请回忆自己在教学中的行为表现，对照表1-2中的行为评价指标为自己的教学进行打分。分值范围为1—10分，分值越高代表你在该项行为中表现得越好。

表1-2　有效教学行为评分表

关键行为	评价指标	分值
授课清晰	1. 告知学习者课程目标，比如清楚地描述通过学习将获得什么、需要完成的学习任务有哪些等	

---

① 加里·D. 鲍里奇. 有效教学方法［J］. 初中生世界，2015（8）：48.

（续表）

关键行为	评价指标	分值
授课清晰	2. 为学习者提供先行组织者。先行组织者是先于学习任务本身呈现的一种引导性材料，它要比原学习任务本身有更高的抽象、概括和包容水平，并且能清晰地与认知结构中原有的观念和新的学习任务关联	
	3. 课前了解学习者的先前知识经验，确定学习者对必备事实和概念的理解程度，考虑是否有必要重新教授	
	4. 缓慢而清晰地发出指令，比如必要时重复指令或将一个复杂指令分解为一个个小指令	
	5. 知道学习者的能力水平，基于学习者现有理解水平或略高于其当前水平来教学	
	6. 用案例、图示和示范来解释和澄清	
	7. 在每节课结束时，进行回顾和总结	
教学多样化	1. 使用吸引学习者注意力的策略，比如借助挑战性问题、视觉冲击或案例进行新课的导入	
	2. 通过改变目光交流、声音和姿势等来展示热情和活力，比如改变音高和音量，靠近学生与其面对面进行交流	
教学多样化	3. 交换呈现的方式，每节课上采用不同的形式开展教学活动	
	4. 混合使用各种奖励和强化方式，如建立奖励或口头表扬用语清单，以便从中随机选择，在表扬的同时给出表扬的理由	
	5. 变换提问的类型，使问题与课时的目标行为和复杂度相匹配，经常对学生的学习情况进行探寻，以调整教学的进度和计划	
任务导向	1. 有效处理与教学无关的事务性干扰，比如发资料、发通知等，提前预见这些干扰，尽量将其置于非教学时间处理	
	2. 以最低程度打扰课程进程的方式制止或阻止不当行为，比如针对最常见的不当行为提前设立规则，对不当行为的处理则置于课后进行	
	3. 为教学目标选择最恰当的教学模式，比如对概念理解型知识和技能训练型内容采用不同的教学方法	
	4. 用明确可界定的事件逐步构建学习成果，如制定进度表，以清晰可见的事件开始或结束重要的课堂活动	
学习者参与学习过程	1. 在教学刺激后立刻引发期待行为	
	2. 在非评估性氛围中提供反馈的机会	
	3. 为学习者提供个性化的教学材料	
	4. 用有意义的口头表扬，吸引学习者参与学习过程并保持积极投入的状态	
	5. 监测学习者的学习过程，频繁地检查进展情况	

（续表）

关键行为	评价指标	分值
学习者 成功率	1. 教学设计需要反映先前的学习,如制订自上而下的单元计划,识别出实现最高层级的单元成果所必需的最低层级的课时成果,按照逻辑顺序来安排课时	
	2. 在学习者初次回答后要立刻纠正,如在学习者初次给出粗略答案之后要向其示范正确答案,并告诉学习者如何获得正确答案	
	3. 把教学分成不同部分,比如建立分离但有核心聚焦点的课程块,使学习者在当前水平能轻松理解	
学习者 成功率	4. 按易于掌握的步骤向新材料过渡,比如根据先前确立的主题模式来改变教学的刺激,使每节课看起来都像是上节课的延伸	
	5. 改变呈现教学刺激的步调,持续地为达成教学高潮或关键事件做铺垫	

打分结束后,请做如下反思:(1)你在哪一类关键行为得分最高?在哪一类行为得分最低?原因是什么?(2)针对自己薄弱的行为,你准备如何改善?

事实上,实施有效教学并没有什么固定的流程和方法,要使自身的教学有效,必须投入时间和精力于教学中,在实践经验积累和教学活动创新中不断进步。上述五项关键行为构成了有效教师的骨架,对有效教学至关重要。接下来,就需要你在已经建立起的骨架上,结合其他教学行为,继续构建出有效教学的心与脑、血管和血液,形成自己的一套个性、高效的教学方式。

【章互动】

你认为培训师还可以从哪些方面促进有效教学?请列举在下方,并做出简单描述。

_____

_____

_____

_____

第二章

课 程 开 发

课程是"教育事业的核心，教育运行的手段，没有课程，教育就没有了用以传达信息、表达意义、说明价值的媒介"。[①] 社会培训作为学校正规教育的重要补充，亦是如此。

对培训师而言，课程开发是进行社会培训教学的首要步骤，也是一项必备技能。社会培训的实践性、情境性、探究性等特点，决定了培训师开发培训课程时要遵循实践性原则、情境性原则、开放性原则、协调性原则、适切性原则，并掌握课程开发的流程。在课程开发的具体实施中，可以采用课程开发的实践模式、过程模式等，选取合适的开发模型，如 ISD 模型、HPT 模型、PRM 模型等。

---

① 靳玉乐.探寻课程世界的意义：课程理论的建构与课程实践的慎思［M］.北京：北京师范大学出版社，2014.

本章框架

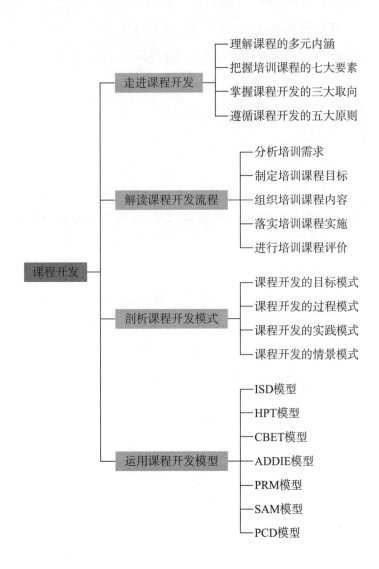

【想一想】

1. 关于课程的认识纷繁复杂，你认为课程是什么？（多选题）

（　　　）课程是一门学科知识

（　　　）课程是一份书面的教学（活动）计划

（　　　）课程是预期的学习结果或目标

（　　　）课程是学习者的学习经验

（　　　）课程是一系列实践活动

（　　　）课程是_____

2. 在课程开发中，以下你赞同谁的说法或做法？理由是什么？

A 教师：课程开发就是依据你要上课的内容，网上找找资料备课就行了，很简单的。

B 教师：我要是开发一门课程的话，我首先要知道这门课要让学生学什么，还要设计好怎么让他们学会效果好，这样我觉得就可以了。

C 教师：课程开发除了要了解自己的授课类型、学习对象的特征外，还要预设好课程中的突发事项如何应对，而且课程开发不是一蹴而就的，还要反复斟酌，在课程实施后进行反思和再修订。

_____

_____

_____

第一节 走进课程开发

课程是"教育事业的核心，教育运行的手段，没有课程，教育就没有了用以传达信息、表达意义、说明价值的媒介"。① 因此，探讨课程的基本问题，是现代课程研究不可回避的一个重要话题。

一、理解课程的多元内涵

一谈到课程研究，首先涉及的就是对"课程"概念的界定问题。然而，目前并没有一个普遍公认的课程定义，随着课程理论与实践的发展，人们对课程的理解以更为广阔的教育实践为背景，从多方面、多视角进行探究，因此课程定义的种类非常多。纵观国内外课程研究的相关文献，可以将课程概念概括为以下几类。

（一）课程即学问和学科

把课程等同于学问和学科，是最早出现且流行甚广的一种观点。例如，我国古代的"六艺"（礼、乐、射、御、书、数）、"六经"（《诗》《书》《礼》《乐》《易》《春秋》），宋代的"四书"（《论语》《孟子》《大学》《中庸》）以及欧洲中世纪初出现的"七艺"（文法、修辞、辩证法、算术、几何、天文、音乐）等，都是学问的分科课程。课程即学问知识和学科的观点在我国当代的《辞海》《教育大辞

---

① 靳玉乐.探寻课程世界的意义：课程理论的建构与课程实践的慎思［M］.北京：北京师范大学出版社，2014.

典》《中国大百科全书·教育卷》以及许多教育专著和教育学教材中出现。例如，《教育大辞典》将课程定义为："（1）为实现学校教育目标而选择的教育内容的总和；（2）泛指课业的进程；（3）学科的同义语，如语文课程、数学课程等。"①

纵观课程即学问和学科的历史与发展，基本上代表了目前我国学术界的权威观点。

（二）课程即书面的教学／活动计划

这一课程定义把教学的范围、序列和进程安排，甚至教学方法和技术设计都包含在内，以期对课程有一个比较全面的把握。例如，美国课程论专家比彻姆（H.A.Beauchamp）认为："课程是书面文件，可包含许多成分，但它基本上是学生注册入学于某所学校期间受教育的计划。"他还指出，一个理想的课程计划应该包括："（1）说明用这个计划文件作为指导规划教学策略的意图；（2）说明为学校提出的目的，以及为此目的而设计的课程；（3）为实现这个目的可能需要的一批文化内容；（4）说明测定课程和课程体系的价值及效果的评价方案。"② 我国亦有学者提出了类似的看法："课程是指一定学科有目的、有计划的教学进程。这个进程有量、质方面的要求，它也泛指各级各类学校某级学生所应学习的学科总和及其进程和安排。"③

将课程定义为书面的教学／活动计划，既注重教学内容的安排，又强调教学活动过程的预设，其内涵确实丰富了许多。不过，它也容易造成课程与教学、方案与实施等一些概念的含糊不清，且限制了对非书面计划的课程现象的认识。

（三）课程即预期的学习结果或目标

这一课程定义以行为主义心理学和科学管理原则为基础，强调目标预测、行为控制和工作效率，在北美课程理论中颇有影响。其代表人物有博比特（F.Bobbitt）、加涅（R.M.Gagne）、波帕姆（W.J.Popham）、约翰逊（M.Johnson）

---

① 顾明远.教育大辞典（第1卷）[M].上海：上海教育出版社，1990.

② 靳玉乐.探寻课程世界的意义：课程理论的建构与课程实践的慎思[M].北京：北京师范大学出版社，2014.

③ 吴杰.教学论：教学理论的历史发展[M].长春：吉林教育出版社，1986.

等。这一定义认为课程不应该是教学活动计划，而应该是教学者企图达成的一组教学目标或预期的学习结果，即要把课程重点从手段转为目的。这就要求在进行课程设计时，事先制定一套结构化和序列化的学习目标，所有教学活动都围绕这些学习目标而展开。

由于把课程的定义限定为预期的学习结果，所有其他计划（如内容、学习活动、课程过程等方面的计划）也就被认为不是课程计划。尽管这种把课程计划与教学情境区分开来的做法是十分必要的，但仅仅把课程局限于制定预期的学习结果，则必然会导致忽略某些课程实施中的最重要的过程（如内容选择和学习活动的划分）。而事实上，预期的结果与达成这一结果的手段应该是统一的，脱离了手段和过程的考虑，任何预期都只能是一种空想。①

（四）课程即学习经验

把课程视为"学生在学校内所获得的全部经验"是 20 世纪 30 年代以来颇受重视且影响深远的课程定义，超越了传统观念中从教师教的角度定义课程，而强调从学生学的角度确定课程的内涵。从渊源上看，早在 20 世纪初，杜威（J.Dewey）就根据实用主义的经验论，反对把课程作为一套课程或预先设定的目标的观念，提出课程应与儿童生活相沟通，应把教材引入儿童生活，让儿童直接去体验。到了 20 世纪 30 年代，在经验主义哲学、格式塔心理学和进步主义教育的冲击下，重视学生的兴趣、需要和个性发展成为教育的主流。此时人们对课程的认识似乎更侧重把握学生实际学到的知识和体验到的意义，而不再执迷于纸上谈兵式的规划设计。课程最终由学习者在学校领导下实际已经获得的一切经验所组成，不管它们是有计划还是无计划的。

显然，这是一个包容非常广泛的定义，以致在课程研究中常常难以把握，尤其是在经验的区分方面，课内外之经验，有关或无关教学目的之经验，已实现与未实现之经验，有计划与未经计划之经验，教育性与非教育性、反教育性

---

① 靳玉乐.探寻课程世界的意义：课程理论的建构与课程实践的慎思［M］.北京：北京师范大学出版社，2014.

之经验等，常常成为争论不休的焦点。①

（五）课程即文化再生产

这一课程定义的依据是，学校是培养人的社会机构，要适应各种社会的要求。而以培养人为核心的学校课程，则必然要打上一定历史时期的社会文化烙印，反映社会文化的时代特征。学校课程理应承担传递和再生产社会文化的任务，即选择那些既能够反映人类文化精华，又集中表现为知识形式、意义领域和学科体系的有价值的文化内容，形成便于传授的课程系统，以完成人类文化传播和再生产的历史使命。

以斯基尔贝克（M.Skilbeck）和劳顿（D.Lawton）为代表的一批英国教育社会学家是这一课程观的倡导者。他们主张通过分析社会公共文化来确定反映公共文化的课程形式及其编排方法，强调通过以学校为基础进行编制的公共课程传播公共文化，注重用文化分析的方法来说明课程与文化的关系，解释课程的基本问题。这种把课程视为"再生产社会文化的手段和工具"，从整个社会文化的大背景中来考察课程现象、研究课程问题的做法，有助于加强学校课程与社会生活的联系，但也不同程度反映了社会中存在的大量偏见、歧视和不公正，影响课程知识的选择和分配。②

除了上述五种主要的课程定义之外，还有"知识和经验的重建""生产的技术系统""认知—情感内容和过程""思维模式""种族经验"等定义。由于这些定义的影响相对较为薄弱，且与我们的日常理解差异较大，故不在此做介绍。③

二、把握培训课程的七大要素

社会培训师在课程开发之前，为保证培训课程的适用性，一定要搞清楚所要开发课程的关键要素，对将要开发的课程进行准确定位。具体而言，开发培训课程

---

①②③　靳玉乐.探寻课程世界的意义：课程理论的建构与课程实践的慎思［M］.北京：北京师范大学出版社，2014.

时，培训师需要把握培训的对象、需求、主题、目标、内容、实施与评价七大要素。

（一）对象

在培训课程开发前，培训师首先要明确培训对象的相关因素。按照培训对象的年龄阶段与心理发展特征，可以将培训对象划分为学龄前儿童培训、中小学生培训及成人培训三大类。在明确培训对象的大范围之后，还须在具体课程开发时进一步明确对象的特征，如培训对象的性别、年龄、心理、个性、学情、能力等。培训师对培训对象了解得越细致，越可能做到因材施教。

（二）需求

培训需求调研与分析是课程开发的关键要素之一，只有精准把握培训对象的需求，才能做出有针对性的培训课程设计。培训师要搞清楚来参加培训的对象。例如，一名初中生来参加美术方面的培训，就需要明确其是想得到美术知识方面的提升还是绘画水平的提高，或是发展审美能力，抑或是通过某种美术类资格考试，等等。只有明确了培训对象的培训需求，培训师才能"知己知彼，百战不殆"，这样开发出来的课程才能具有较好的适用性。

（三）主题

把握了培训对象的特点及其需求，接下来就要选择培训的主题。社会培训课程包括以提高学生学科成绩为目的的学科类培训，以艺术、体育为主的技艺类培训，以提高综合素养为目的的素养类培训，以及以提升成人特定能力为目的的职业技能类培训等。培训师在进行课程开发时，可以设计系列主题化的培训课程，如设计亲子类培训活动，包括亲子户外体验活动、心理健康类亲子活动、家庭关系类活动等。

（四）目标

目标是课程的核心，确定主题课程的目标是课程开发与实施的根本出发点和最终落脚点。培训师在确定课程目标时，可以主要依据以下几个方面：一是关注培训对象的身心特点与个性化特征；二是关注培训各方面的实际需求；三是关注课程主体的发展要求。在具体阐释课程目标时要具有清晰、具体、可评价的特点，如可以通过布鲁姆的教育目标制定方法，即"行为主体—行为动词—行为条件—表现程度"来确定具体的学习目标。

（五）内容

课程内容是构成课程的基本要素，是课程内在结构的核心组成部分。总体而言，课程内容是由直接经验和间接经验两种性质的知识要素构成的。培训师要依据培训对象的特征及培训目标选取、组织合适的培训内容。在内容选择时，要注重内容的知识性、针对性、可操作性、应用性与发展性；在内容组织时，要注重其内在逻辑，遵循系统性、结构性等原则。

（六）实施

课程实施是将课程目标与内容具体落实的过程。在厘清课程目的与组织好课程内容后，下一个课程任务就是协调多方力量来实施这个课程。教学是实施课程的主要环节，也是课程开发得以迭代再开发的过程。在课程实施中，可以检验课程开发的效果，并对课程内容进行迭代更新。

（七）评价

培训课程实施了，效果到底怎么样，这就需要课程评价。课程评价是课程开发的最后一公里，如何对社会培训课程进行合理有效的评价也成为社会培训课程开发实践中培训师最为关切的问题之一。依据课程开发的现实需要，遵循课程评价发展趋势，社会培训课程评价需要坚持"持续发展"的价值原则，同时也要选取适切的课程评价策略。

三、掌握课程开发的三大取向

任何课程开发都会体现特定的价值取向。价值取向错位将深层次影响课程开发的信效度，影响课程目标和内容的合理性以及方式方法的适切性，甚至会违背社会价值观。因而，校外课程开发不仅要体现社会的正确价值，更要遵循教育的价值规律，挖掘科学的知识价值。

（一）育人为本

相较于标准统一化的学校课程，社会培训课程应将"育人为本"作为课程开发的起点与归宿，应更加注重学习者的兴趣和个人的发展。育人为本的课程开发取向反映了社会、学习者、知识三因素对校外课程开发的共同的、根本的要求。育人为本反映了社会因素对课程开发的根本要求，符合科学文化知识不断更新和发展对课程的客观要求，也深刻反映了受教育者的身心发展规律和水平对课程的制约作用。① 培训师在开发课程时应该秉持初心，顺应学习者的身心发展规律，始终以学习者为中心，聆听学习者真切的呼唤，满足学习者的个性化发展需求，充分发挥他们的自主性与独立性，让学习者成为主观能动的学习主体，做学习真正的主人。这样开发出来的课程才会具有人文气息，遵循了"以人为本"的课程发展价值取向，与此同时也能培养出更加符合时代需求的新人才，真正促进学习者的发展。②

（二）全面发展

人的全面发展作为课程建设的终极理想形态与价值坐标维度，从根本上指明了课程开发的走向与价值意蕴。在新时代背景下，人的全面发展的本体性意义是指人的全面发展在为人的身心发展服务的基础上，内含人的生存与生活形式本身，从而作为人的生活形式充实人的自身生存。这既与人的全面发展的内容框架相适应，也反映了对美好生活这一时代目标的追求。总体而言，新时代人的全面发展思想更关注人的生存与生活状态。因此，与人的全面发展本体性意义相呼应，课程建设应指向有生命的、感性的个人存在，以关切人的生命价值、唤起人的生命姿态为根本旨趣。一方面，培训师肩负着向学习者传播"人是根本目的"理念的使命，要教会他们尊重人、关爱人、信任人。另一方面，课程开发的全过程应体现人性化的关怀，应当维护好人的根本利益，以人的发展统领课程、教育发展的全过程。③

（三）价值整合

在 21 世纪，课程设置趋于个性化、多样化和综合化将成为中小学课程发展

---

① 廖哲勋，田慧生 . 课程新论［M］. 北京：教育科学出版社，2003.

② 周婧，韦婷婷，钟桢 . 校本课程开发的现实困境及其反思、展望［J］. 现代教育科学，2019（7）：146-151.

③ 袁利平，杨阳 . 人的全面发展：学校课程建设的价值坐标［J］. 中国教育科学（中英文），2021，4（1）：81-90.

的一种必然趋势。一方面是因为随着教育改革的不断深化，传统的课程价值将进一步受到冲击。学校课程不仅要满足学生全面发展的需要，同时更要满足学生个性发展的需要，促进学生全面发展与个性发展的完满结合将成为未来中小学课程发展的主要价值目标。另一方面，市场经济的繁荣必然带来社会生产的多样性、社会产业的多样性、社会价值观的多样性以及对人才需求的多样性。与此同时，课程整合的理想与学科割裂的现实之间的矛盾、知识创新和增长的无限与学生学习时间的有限之间的矛盾日益突出，对学生要能从整体上认识、探究、把握外部世界的要求更加迫切。这些变化无疑都会给学校课程带来深刻的影响，并成为促进课程设置变革的强大外在动力。对校外培训课程来说亦如此。培训师在进行课程开发时要更加注重结构的合理化和内容的综合化，注意各种类型、各种形态课程的合理配置，努力实现课程设置的整体优化，使课程进一步趋于灵活多样，为学习者的全面、主动、灵动发展提供更为广阔、自由的空间。①

四、遵循课程开发的五大原则

社会培训的实践性、情境性、探究性等特点，决定了培训师在开发培训课程时要遵循实践性原则、情境性原则、开放性原则、协调性原则、适切性原则。

（一）实践性原则

实践性是课程发展变革的重要线索。课程回归生产生活、保持鲜活的实践性，一直是我国课程开发努力的方向和目标。课程的实践性在于冲破符号的笼罩并与生活世界建立直接关联，课程的实践性就是回归生活世界，获得经验的直观性、无遮蔽性、体验性。②社会培训课程以学习者的现实生活和社会实践为基础发掘课程资源，而非在学科知识的逻辑序列中构建课程。例如，"综合实践活动"课程以活动为主要开展形式，强调学习者的亲身经历，要求学习者积极

---

① 廖哲勋，田慧生. 课程新论 [M]. 北京：教育科学出版社，2003.

② 张务农. 论课程的实践性及其对中小学在线课程开发的启示 [J]. 课程·教材·教法，2018，38（5）：49–55.

参与各项活动，在做、考察、实验、探究、想象、创作等一系列活动中发现和解决问题、体验和感受生活，发展实践能力和创新能力。①

（二）情境性原则

课程发展的历史表明，课程的基本内容总是源于生活情境，并存在于我们每个人的生活周围。无论学习什么，只有当学习发生在有意义的背景中时才是有效的。因此，要促进学习者的有效学习，造就他们的时代精神和实践能力，课程建设必须回归学习者的生活世界。课程设计要面向学习者的真实生活情境，增加与现代社会生活关系密切的现实内容，为学习者提供接触生活和解决生活中各种实际问题的必要空间。课程回归生活，不能只局限于在单一的学科范围内做简单的知识增减，更重要的是逐步打破长期以来形成的壁垒森严的学科界限，增强各学科知识的相互渗透，强化课程内容的综合性和开放性，在课程内容的结构性重组基础上逐步加以实现。②

（三）开放性原则

社会培训课程开发，也是培训课程资源的开发与利用，培训师要以开放的心态对待人类创造的一切文明成果，尽可能开发与利用有益于教育教学活动的一切可能的课程资源。课程资源开发与利用的开放性包括类型的开放性、空间的开放性和途径的开放性。类型的开放性，是指不论以什么类型和形式存在的课程资源，只要有利于提高教育教学质量和效果，都应是开发与利用的对象；空间的开放性，是指不论是校内的还是校外的，城市的还是农村的，中国的还是外国的，只要有利于提高教育教学质量，都应加以开发与利用；途径的开放性，是指课程资源的开发与利用不应局限于某一种途径或方式，而应探索多种途径或方式，并且能够尽可能地协调配合使用。③ 同时，随着课程的不断展开，新的目标和新的主题不断确立，学习者在这个过程中的认识和体验不断加深，培训师应以开放的心态不断更新课程，使其更适合学习者的学习成长规律。

---

① 张华.论"综合实践活动"课程的本质[J].全球教育展望, 2001（8）: 10-18.

② 田慧生.新世纪课程发展展望[J].山东教育科研, 2001（Z2）: 22-27.

③ 徐继存，段兆兵，陈琼.论课程资源及其开发与利用[J].学科教育, 2002（2）: 1-5+26.

（四）协调性原则

社会培训课程内容的选择要处理好知识、学习者和社会之间的关系。结合发展实际，抓住社会培训课程开发中的主要矛盾，将学习者需要、社会需要与科学知识作为一个整体来考虑，使社会培训课程内容能够彰显课程价值观，成为实现课程目标的主要手段。例如，世界课程改革的发展趋势是尊重学习者的主体意识、呼唤学习者的个性发展，这种课程价值观必然要求以学习者的经验作为课程内容选择的主导取向。以学习者的经验为核心整合学科知识，整合社会生活实践。具体而言，根据学习者的需要、兴趣、已有经验等来选取知识，所选择的知识不再是一种目标，而是一种手段，一种服务于学习者探究问题的工具。由此选择出的知识，虽不像知识本位取向中的知识那样逻辑严明，但却宽泛得多。诚如有学者认为，只有经过学习者本人选择的教育内容并赋予内容某些个人的意义，才会有真正的学习，而真正的学习可以激发学习者内在的学习动机，而不是仅仅依靠外部的奖惩。学习者通过亲自选择知识来探究问题可以挖掘他们的潜力，个别差异问题也会由此迎刃而解。此外，让学习者参与知识选择的过程，他们解决问题的能力也会得到充分的发展。[①]

（五）适切性原则

课程内容开发的选择要符合学习者身心发展的需要和现有水平。社会培训课程内容要能够激发学习者主动学习的愿望，使他们积极投入到相应的学习活动之中，使学习者所面临的学习任务是他们能够胜任的，能够帮助他们学有所获并维持后续学习的动力。针对当前社会培训课程开发中存在的开发目标异化、开发范围狭窄、对学生需求诊断不够科学、内容设置单调、偏重学科类课程的拓展和知识教育等问题，提高课程内容的针对性和适切性成为培训师迫切需要解决的问题。为此，培训师应该运用科学合理的方法来诊断学习者的发展需求、定位培训课程目标，整体把握课程系统中各项内容之间的关系，根据学习者的身心发展特点和现实水平及未来发展的可能性，合理选取和组织相关课程内容。[②]

[①②] 李臣之.校本课程开发［M］.北京：北京师范大学出版社，2015.

第二节　解读课程开发流程

　　培训课程开发是指培训组织在培训课程设计和授课指导方面所做的全部工作，它是一个可持续发展而且可以变通的过程。课程开发探讨的是课程形成、实施、评价和改变课程的方式与方法，它是一项决定课程、改进课程的活动和过程。[①] 培训课程的开发流程主要包括分析培训需求、制定培训课程目标、组织培训课程内容、落实培训课程实施以及进行培训课程评价这五大过程，如图 2-1 所示。

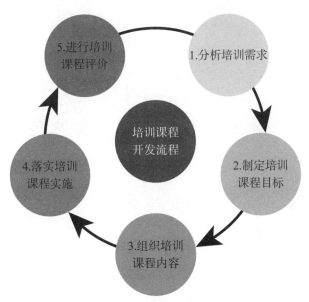

图 2-1　培训课程开发流程图

---

① 课思课程中心.培训课程开发实务手册［M］.3 版.北京：人民邮电出版社，2017.

一、分析培训需求

培训需求分析是课程设计者进行培训课程开发的第一步。培训需求分析以满足组织和个人的需求为出发点，对组织环境、个人各个层面进行调查和分析，进而判断组织和个人是否存在培训需求以及存在哪些培训需求。

作为课程开发的首要环节，需求分析可以为后续培训课程目标的制定、内容的选取以及课程实施与课程评价进行实证性铺垫，有助于设计出有针对性的课程，以使培训的效果达到最佳化。培训需求分析流程如图 2-2 所示。

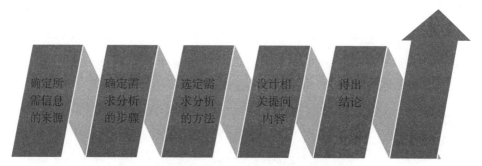

图 2-2　培训需求分析流程图

培训需求分析的主要方法包括以下三种。

（一）问卷调查法

问卷调查法是对随机样本、分层样本或总体进行调查或民意测验的方法。问卷形式包括开放式、探究式和封闭式三种。

（二）访谈法

访谈法指的是访问者通过与受访人直接交谈，从受访人的表述中发现问题，进而找出培训需求产生的真正原因。访谈分为正式和非正式两种情况。正式访谈是以标准的模式向所有的受访者提出同样的问题；非正式访谈是由访问者针对不同的受访者提出不同的开放式问题以获取所需的信息。

（三）测试法

测试法既可以用来测试某群体成员对技术知识掌握的熟练程度，也可以用来对被测试者认识到的一些想法和掌握的事实进行抽样检查。专项测评表就是一种高度专门化的问卷，具体操作可以参照问卷法进行。通过一般问卷获得的是一些较简单的数据，而专项测评法主要是针对某一问题的分析以及解决方法等的专门报告。①

二、制定培训课程目标

课程目标是课程开发的首要环节，没有目标，不仅课程开发过程缺乏计划性、方向性，而且缺乏目标导向，从严格意义上讲，也无从谈起课程开发。②课程目标的制定，可以采用以下两种策略。

（一）ABCD 的目标制定

行为目标的 ABCD 指的是具体课程目标中应包含的四个要素，这是由马杰的"三要素"发展而来的。ABCD 是四个要素的英语单词首字母，它们的含义分别是：

（1）A 即 audience，意指"学习者"。要有明确的学习者，是目标表述句中的主语。（2）B 即 behaviour，意为"行为"。要说明通过学习后，学习者应能做什么，是目标表述句中的谓语和宾语。（3）C 即 conditions，意为"条件"。要说明上述行为在什么条件下产生，是目标表述句中的状语。（4）D 即 degree，意为"程度"，即明确上述行为的标准。③

（二）内部过程与外显行为相结合

上述用 ABCD 模式表述的行为目标，优点非常清楚，它避免了用传统方法表述目标的含糊性。但它也有缺点：只强调了行为结果而忽视了内在心理过程，违背了学习的真义，有的学习结果也很难行为化。为了弥补 ABCD 模式的不足，可采取一种内外结合的表述方法。学习的实质是内在心理的变化，因此教育的真正目标不是具体的行为变化，而是内在能力或情感的变化，而那些内

① 课思课程中心.培训课程开发实务手册［M］.3 版.北京：人民邮电出版社，2017.

② 高霞，华萍.基于学校独特价值理念的校本课程开发解析［J］.教学与管理，2013（8）：3-6.

③ 廖哲勋，田慧生.课程新论［M］.北京：教育科学出版社，2003.

在的心理变化，如理解、欣赏、热爱、尊重等，不能直接进行观察和测量。为了能间接地测量、观察这些内在心理变化，需要列举反映这些内在变化的行为样品，使这个目标具体化。这就是格朗伦（N.E.Gronlund）提出的内部过程与外显行为相结合的表述方法。[①] 两者相结合的表述方法，既保留了行为目标表述的优点，又避免了行为目标只顾及具体行为变化而忽视内在心理过程变化的缺点，所以表述方法受到很多人的青睐。它既适合认知目标的表述，也适用于情感目标的表述。

三、组织培训课程内容

课程内容的组织是课程开发的核心。一般来说，课程内容是以课程目标为依据，但课程内容的组织有其内在的逻辑，客观地存在着不同的要求。早在20世纪40年代，泰勒就明确提出了课程内容编排和组织的三条逻辑规则，即连续性、顺序性、整合性，但除此之外还应处理好以下逻辑组织形式的关系。

（一）横向组织与纵向组织

纵向组织是指按照知识的逻辑序列，根据从已知到未知、从具体到抽象等先后顺序组织编排课程内容。纵向组织方式是教育心理学家们从学习理论的角度提出的一种组织形式，加涅（Gagne，R.M）就倾向于按照学生学习的八种层次的逻辑关系来设计课程内容的顺序。

横向组织是指打破学科的知识界限和传统的知识体系，按照学生发展的阶段，以学生发展阶段需要探索的社会和个人最关心的问题为依据，组织课程内容，构成一个个相对独立的内容专题。横向组织是以发展心理学为基础，从人的成长过程的角度提出的。从心理发展角度看，学生生理的、社会的、理智的、情感的发展，都是按照一定顺序由内部加以调节的。因此，课程内容应考虑学生发展的阶段性要求，从综合的角度，以知识之间的横向联系组织课程内容，

---

① 廖哲勋，田慧生.课程新论［M］.北京：教育科学出版社，2003.

设计出区别于复制学科的体系的综合性内容。

相对而言，纵向组织注重课程内容的独立体系和知识的深度，而横向组织强调课程内容的综合性和知识的广度。这也许是适合于不同性质知识经验的互相区别的课程内容的逻辑组织形式，同直线式与螺旋式的关系一样，都是不可偏废的。①

（二）逻辑顺序与心理顺序

课程内容组织的逻辑顺序与心理顺序的问题，是"传统教育"派与"现代教育"派在课程内容组织方面的分歧所在。这一重大分歧，充分说明了课程内容的组织逻辑的重要性。逻辑顺序，是指根据学科本身的体系和知识的内在联系来组织课程内容；心理顺序，是指按照学生心理发展的特点来组织课程内容。

"传统教育"派主张根据学科内在的逻辑顺序来组织课程内容，认为为学生提供与科学知识结构相应的课程内容，有利于使学生获得系统化的知识，形成学生自己的知识结构，遵循科学知识内在的、固有的逻辑序列，便于为学生分门别类地认识客观事物做好科学知识的准备。"现代教育"派强调根据学生身心发展的规律，特别是学生的思维发展、兴趣、需要和经验背景来组织课程内容。因为在学生与课程的关系上，学生是中心，学科是次要的。因此，对于学生的发展来说，一切学科的逻辑都处于从属的地位。"传统教育"派与"现代教育"派在课程内容组织方面各执一端，将逻辑顺序与心理顺序对立起来，也失之偏颇。

现在，人们公认课程内容的组织要把逻辑顺序和心理顺序结合起来。逻辑顺序与心理顺序的统一，实质是在课程观上把学生与课程统一起来。在学生观方面体现为学生的"未来生活世界"与"现实生活世界"的统一。以此为基础，在课程内容的组织上，根据学生认识发展的特征和科学知识本身的逻辑特征，编排成既区别于原有科学结构又有别于学生的完全经验复制式的课程内容体系。

从课程内容的组织上讲，纵向组织与横向组织、逻辑顺序与心理顺序的相

---

① 廖哲勋，田慧生．课程新论［M］．北京：教育科学出版社，2003.

互吸收和相互匹配,是课程内容组织的基本辩证逻辑,即使是在同一门课程中,对不同性质和不同层次的内容来说,这些逻辑形式也是可以并存的。[①]

四、落实培训课程实施

(一)多元主体合作

社会培训课程的参与主体有培训师、学习者、机构领导、社会力量等。学习者由于学校课程的各种新要求和压力,其参与的积极性不高,存在着消极应付和回避的现象。学校领导、教师、家长及其他社会主体在国家考试制度和传统的"读书生存法则"观念的影响下,整体支持度和参与度也不高。为此,可以建立多元主体合作参与的模式,不仅能发挥主体之间的相互合作,有效调动主体的整体参与力,而且可以在校与校之间的合作中发挥区域内主体的整体力量,把校内的多元主体合作模式延伸到校外,形成区域性的多元主体合作参与模式,使一定区域内的人力资源优势得到合理的开发与利用。[②]

(二)迭代性开发

依据传统的课程开发模式,课程实施即将设计好的课程方案付诸教学过程,将课程实施完全化约为技术性的教学行为。教学无疑是课程实施的重要内容及过程,然而这并不意味着课程实施就是教学,也不意味着课程实施过程中不存在课程开发的任务。事实上,课程实施并非"现成方案"的"照本宣科",而是微观层面的不断迭代与课程"再开发"过程。课程开发方法论的艺术性主要体现在课程实施过程中迭代性开发的方法和策略上。这种迭代性开发主要是指依据具体的教育、教学情境,不断细化、调整总体的课程目标和课程内容,开发、设计具体的解决方案。从这个意义上讲,课程开发并非"一次性"的过程,而要经历从宏观规划到微观调适与"对症"解决的过程。伴随性课程目标和内

---

① 廖哲勋,田慧生.课程新论[M].北京:教育科学出版社,2003.

② 郑晓梅.我国基础教育校本课程开发的取向[J].教学与管理,2003(31):3-5.

容的确定与选择、协商性课程设计与组织，都是在课程实施这一环节进行的。这一环节的课程"再开发"是以教师和学习者为主体的，主要内容是将出自课程论专家、学科专家及部分教师代表之手的理论性和一般性的课程方案，转换为具体的、实践性的问题解决方案。[①]

五、进行培训课程评价

在进行课程评价时，培训师要秉持"可持续发展"的价值取向，选取合适的评价方法。评价的方法多种多样，方法的选择取决于评价项目是大还是小，以及预期的评价听取人是谁。课程评价的方法可能因学科和年级的不同而不同，评价的重点也取决于具体的评价问题。因此，这里主要讲的是一般意义上的评价策略或方法，可以利用的策略既有客观的也有主观的。下面重点介绍几种常用的方法。

（一）观察

观察是可以用来收集数据资料的一种方法。在下列情形中观察数据是有用的：（1）测量课堂过程变量；（2）测量课程目标的达成度；（3）测量课程的实施状况；（4）确定课程使用中遇到的困难；（5）发现教师在实施课程中提出的变革建议和措施；（6）发现教师通常采用的教学过程；（7）发现课程未预计到的结果。

用来收集观察数据资料的策略多种多样，可以是系统的或者是未加组织的。在系统的观察策略中，强调要按照预定的时间表观察和记录预定的事件。检验表、频次计算、间隔编码都是这种方法中常用的手段。在使用未加组织的观察方法时，往往没有预先设定的问题，记录的是所观察的行为和事件。轶事记录是在未加组织的观察中常用的方法。通过直接的观察，评价者能更好地理解课程实施发生的背景；直接获得的一手经验便于评价者归纳；评价者有机会看到平常可能意识不到的事情；评价者有机会把个人的知识和直接经验作为资源来帮助理解、解释所评价的课程。

---

① 郝德永.课程研制方法论［M］.北京：教育科学出版社，2000.

（二）调查与访谈

调查与访谈主要用来收集范围广泛的信息，如情感领域的兴趣、价值和态度能用这种方式来评估。问卷是调查中最常用的一种方法。访谈者可以用预设的问题以结构化的形式来了解情况，或者可以选择非结构化的形式来了解课程使用者的看法和想法。

（三）纸笔测试

大多数课程评价都包括成绩测验，尤其是纸笔测试。客观的纸笔测试是使用最久的一种方法，而且有多种形式。最著名的是选择回答或多重选择测试，在这种测试中学习者必须从提供的几个回答中选择出正确或最佳的回答。这种测试的其他形式是真假判断题、配对题和简要回答题。多重选择形式在大规模的评估中比较常用。如果同其他手段策略一并使用，这些测试能提供有用的信息。尽管客观的测试通常与较低级的学习联系在一起，如简单的回忆，但它们也会被用来测试比较高级的学习，如批判性思维。

纸笔测试的另一种形式是主观测试，为学习者提供使用和显示其所学所得的机会。这样获得的信息是丰富的、比较定性的，有助于洞察学习者的心理活动过程。主观测试比客观测试更难评分，因为没有唯一正确的答案。用于大规模评估时，必须制定清楚的评分标准，且评定人必须在一致地运用这些标准方面接受培训和监控。在大多数情形下，要得到有质量的信息需要投入很多时间和资源。

与纸笔测验有关的是试卷分析。除了课程评价者当场的纸笔测试外，还应注重对学习者平时测验试卷内容和结果的分析，评价者可以从中发现与课程有关的一些问题。这方面的信息对修订课程、增强课程对学习者的适应性十分重要。

（四）表现评估

表现评估也指表现测试或实际测试，这种策略在近来国外的一些大规模评价中受到愈来愈多的关注。表现评估的基本原理是，课程评价要了解学生达成课程目标的程度，但这些达成度是不可能完全测量到或用书面测验的形式是不可能充分测量到的。表现评估不同于书面测验，表现评估成功的标准关注更多的不是问题的解决，而是得出问题解决办法的策略。这些测试的假定是：学习者解决问题的行动揭示了很多学习者理解知识以及推理能力方面的情况。表现评估从一个科目到另一个科目的变化很大，而且频繁地用于数学、科学和语文课程等的评价中。一般而言，在用这种评估方法时，给予学习者某个任务、一些说明和材料，然后由监督人监控学习者的表现，所收集的数据资料有监督人的观察与学习者的口头和书面的反应。下面描述的是一种表现评估的实施情况。这种方法是测试站点法（Test Station Approach）：6个站点组成一个巡回，每位学习者在每个站点停留预定的时间（5分钟），然后转到一个新的站点再停留5分钟，每个站点都有一张学习者怎么做的简单书面说明，要求学习者使用材料与仪器设备解决问题，在一张纸上做出书面回答，从中可以了解学习者的行为和思维表现。监督人当面解释站点要求、监控表现和收集书面反应。

课程评价是一个比较复杂的领域，具有多种含义，不同价值取向的学者会有不同的评价模式、采取不同的评价方法与手段，很多问题还没有达成共识，还在不断探讨。但随着我国课程改革的深入以及课程教材的多样化，课程评价将是保证我国课程健康发展不可或缺的部分。相信今后会有更多的学者投身到课程评价这一研究领域中来，进行理论探讨、构建评价模式、从事课程评价的具体实践。①

第三节 剖析课程开发模式

课程开发模式是指在课程开发过程中，根据某种思想和理论，选择和组织课程内容、教学方法、管理手段，以及制定课程评价原则而形成的一种形式系

---

① 廖哲勋，田慧生.课程新论［M］.北京：教育科学出版社，2003.

统。不同的课程开发模式有不同的教育哲学和心理学基础，代表不同的课程组织结构和教学过程，反映课程与相关领域的不同关系。[①] 社会培训课程的开发与其他课程开发一样，一般有以下4种主要的课程开发模式，见表2-1。

表2-1　课程开发四大模式

开发模式	代表人物	主要观点	适用课程领域
目标模式	泰勒	课程开发的4个基本问题：学校应该达到哪些教育目标；学校应该提供哪些教育经验才能达到这些目标；这些经验如何才能有效地加以组织；如何确定这些目标正在得到实现	侧重信息与技能的课程领域
过程模式	斯坦豪斯	课程开发的程序是：（1）设定一般目标；（2）实施有创造性的教学活动；（3）记述教学活动的结果；（4）评价其结果	侧重人文学科课程领域
实践模式	施瓦布	以实践兴趣为课程开发的价值取向；以教师与学生为课程开发的主体；以集体审议为课程开发的方式；以行动研究为课程的方法论	侧重综合实践类课程
情景模式	斯基尔贝克	这一模式由5个阶段构成：分析情景、准备目标、编制方案、解释与实施、追踪与重建	学校、学科课程

一、课程开发的目标模式

作为社会培训人员，我们需要了解课程开发的主要模式，根据具体培训目标与内容，选择合适的开发模式。课程研究领域中最基本的、经典性的课程开发模式是植根于行为主义心理学和实用主义哲学的目标模式。

博比特是第一个探讨课程开发过程的研究者，是目标模式的首创者。博比特

---

① 汪霞.课程开发的目标模式及其特点[J].外国教育研究,2002（6）:9-13.

于 1918 年出版了《课程》一书，被认为是课程论形成独立学科的标志。此后，博比特于 1924 年出版了《怎样编制课程》，详细阐述了课程开发的过程和方法，具体包括：（1）人类经验分析；（2）职业分析；（3）导出目标；（4）选择目标；（5）制订详细计划。

对目标模式加以进一步改善，并使之系统化形成目标模式的经典形态的当数美国当代最负盛名的课程理论家和评价专家泰勒。泰勒在美国课程发展史上著名的"八年研究"计划的经验总结基础上，提出了课程开发的基本程序、步骤和方法，其所著的《课程与教学的基本原理》一书，被公认为是课程开发目标模式经典性形态形成的标志的不朽巨著。

在《课程与教学的基本原理》一书中，泰勒提出了课程开发的 4 个基本问题：学校应该达到哪些教育目标？学校应该提供哪些教育经验才能达到这些目标？这些经验如何才能有效地加以组织？如何确定这些目标正在得到实现？后来，这 4 个基本问题被人们广泛称为"泰勒原理"。有研究者综合分析泰勒模式，形成了一个完整的泰勒模式图 [①]，如图 2-3 所示。

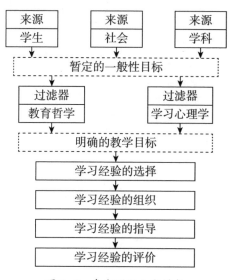

图 2-3　泰勒课程开发模式

---

① 郝德永. 课程研制方法论［M］. 北京：教育科学出版社，2000.

这一模式专注于课程开发方法的研究，而并非课程本身内容的设计，一直在课程开发的理论研究中及课程实践领域居主流地位。但实际上，泰勒原理并非完美无缺，实证性课程研究也并没有停留于泰勒模式。目标模式继泰勒原理之后产生了多种变形，经历了不断被改造、修缮的过程。塔巴、惠勒、凯尔、莱顿索通、奥利瓦等人都是在对泰勒模式进行改造的基础上发展、完善目标模式，从而勾勒出目标模式在近半个多世纪里的发展图景及趋势，见表2-2。

表2-2　课程开发的目标模式拓展分类与特征

目标模式的拓展	发展与完善	模式步骤
塔巴模式	坚持泰勒的直线式课程开发过程，但将其四步骤扩展为八步骤	（1）诊断需要；（2）建立目标；（3）选择内容；（4）组织内容；（5）选择学习经验；（6）组织学习经验；（7）决定评价的内容与手段；（8）检查平衡与顺序
惠勒模式	将泰勒的直线式修改为圆环式	这一模式仍以目的、目标的选择为起点，然后循序进行：选择学习经验—选择学习内容—组织、综合学习经验和内容—评价，再回到目的、目标的挑战，进行新一轮的课程开发过程
朗特里模式	从技术角度对泰勒的目标模式给予进一步的改良，促使课程开发模式具有动态性，课程要素间有较多的互动	（1）确立目标；（2）设计学习，对选定的目标细加分析，以确定最适当的"学习顺序"；（3）评价，所有的学习设计都是要达成有效的目标，如果学生达不到要求的目标，则问题出在学习经验的设计上，因此须持续地将这些学习经验让不同学生群体尝试，如发现有必要则要修正设计；（4）改进，包括检讨与修订

二、课程开发的过程模式

针对目标模式的行为主义、非教育性、机械主义的课程编制程序的缺陷，英国课程理论家斯腾豪斯第一次明确提出"过程模式"。他立足于教育的内在价值及实践，认为过程虽然不包罗所有的课程开发形式，但却可以弥补目标模式的不足，过程模式比目标模式更适合于那些以知识和理解为中心的课程领域。斯腾豪斯提出的课程开发过程模式，被认为是继目标模式之后出现的又一个重要的课程开发理论，而且也是对目标模式的批判和改造最具权威性、彻底性和实质性的课程开发模式。

斯腾豪斯认为，课程的研究和开发不应当是按照某些事先决定的行为目标制定出一套"方案"，然后再加以评价，而应当是一个动态的、持续的过程，在这个过程中，课程的研究、开发、评价不是公开的和独立的，而是一体的，所有这些都集中在课程实践当中，且教师在其中起着重要的作用。[①]过程模式的特点包括以下几个方面。(1)它不预先指定特殊目标或行为目标，而是详细说明内容和过程中的各种原理。挑选内容的根据不是想要在学生身上引起行为变化，而是这些内容在多大程度上反映了该知识。(2)课程开发的程序是：① 设定一般目标；② 实施有创造性的教学活动；③ 记述教学活动的结果；④ 评价其结果。(3)过程模式重视与目标无关的叙述，采取不受目标限制的评价，重视个案方法，采用多方面的观察和评价。(4)强调一般的目标。(5)认为教材的价值和内容必须在教学实际中发展或评价，即使同一教材也可能产生不同的活动和经验，教材的质量取决于教学过程，教师在实际的教学过程中追求能促使儿童活动的教材。[②]

总体而言，对于不同的课程开发模式，斯腾豪斯的看法为：目标模式并非一无是处，但是很明显，它更适合于强调信息与技能的课程领域；而在强调知识与理解的课程领域，也就是旨在强调理解的人文学科课程领域，课程开发的过程模式则更适用。

三、课程开发的实践模式

这一模式的总体思想最初是在《实践1：课程的语言》一文中提出来的，后

① 汪霞.课程开发的过程模式及其评价[J].外国教育研究,2003（4）：60-64.
② 汪霞.国外几种课程编制的方法、程序及模式[J].外国教育研究,1994（1）：10-14.

来施瓦布在另外三篇论文，即《实践2：折中的艺术》（1971）、《实践3：课程的转化》（1973）、《实践4：课程教授要做的事情》（1983）中又详细阐述和完善了课程探究的实践与折中思想。历经十余年的不断修正、丰富，这一模式已成为一个影响深远，对以往侧重理论完善与逻辑严密的课程开发方法论改革最为彻底的课程开发思想。

（一）实践课程的价值取向：实践兴趣

在施瓦布的实践课程观中，"实践兴趣"主要侧重实践者自身的行为目的，注重过程的取向。他把课程看作一个相互作用、有机的"生态系统"，认为它是建立在对课程意义的"一致性解释"基础上，通过这个"生态系统"要素间的相互理解、相互作用，实现学习者兴趣需要的满足和能力德行的提高。所以，它指向课程实践过程本身（包括教师的教和学习者的学），注重手段、过程和相互理解、相互作用，毫无疑问，体现的课程价值是实践兴趣。[1]

（二）实践课程的主体：教师与学习者

实践课程观把教师和学习者看作是课程的主体和创造者。教师和学习者都不能孤立于课程之外，双方都作为课程的有机组成部分，同是课程的合法主体和创造者。教师是课程的主要设计者，或者可以在执行课程的实践中根据特定的情境发挥自己的创造性，学习者则有权对什么学习和体验是有价值的以及如何完成这种学习和体验等问题提出怀疑并要求解答。就这样，教师和学习者双方共同加入到了课程开发的过程之中。[2]

（三）实践课程的开发方式：集体审议

集体审议是一种新的课程开发运作方式，是在特定情境中通过对问题情境的反复权衡而达成一致意见，最终做出行动决策。它贯穿于整个课程开发过程，通常首先明确特定情境中迫切需要解决的问题，然后就各种事实判断和价值判断形成暂时的共识，充分考虑各种可能的途径来拟定各种备选的解决方

---

[1] 史学正，徐来群．施瓦布的课程理论述评［J］．外国教育研究，2005（1）：68-70．

[2] 吴刚平．校本课程开发的思想基础——施瓦布与斯腾豪斯"实践课程模式"思想探析［J］．外国教育研究，2000（6）：7-11．

案,再对各种备选方案反复权衡,选择最佳方案,最后还要对各种备选方案进行局部"预演",反思已确定的目标,确定最终的一致性意见。为了使集体审议能够真实有效地解决课程中存在的问题,施瓦布提出了三种课程审议的艺术:实践的艺术、准实践的艺术及择宜的艺术或折中的艺术。①

（四）实践课程的方法论:行动研究

行动研究是指由社会情境（包括教育情境）的参与者为提高对所从事的社会或教育实践、该实践活动及其依赖的背景的理性认识而从事的自我反思性研究。②在行动研究中,实践者即研究者,二者是直接同一的;实践过程即研究过程,实际问题的解决过程与研究过程也是合二为一的。同时,反思在这一过程中具有十分重要的作用,是行动研究的关键所在。实践模式将课程实践与课程研究统一起来,做到了课程问题的解决过程与课程研究过程、课程实践人员与课程研究人员的统一。③

四、课程开发的情景模式

如果说过程模式主要是通过对建立在实用主义哲学及行为主义心理学基础上的目标模式的工具主义知识观和行为训练的教育观及其价值中立思想、社会控制思想、社会效率思想予以根本性的批判和否定,试图建构一种针对目标模式的弊端及缺陷的矫正性课程开发理论,那情景模式就是立足于更广阔的文化学视野,在对社会总体文化的分析中寻求一种灵活的、适应性较强的课程开发标准及方法,而不局限于以对目标模式的缺陷及弊端的修正和批判作为全部立论依据。

---

① 崔新玲,梁进龙,王建国.约瑟夫·施瓦布的实践课程理论及启示[J].教育实践与研究(C),2018(3):4-7.

② 尹弘飚,靳玉乐.校本课程开发的思想基础[J].西南师范大学学报(人文社会科学版),2003(2):86-91.

③ 史学正,徐来群.施瓦布的课程理论述评[J].外国教育研究,2005(1):68-70.

斯基尔贝克在对具体的学校情境进行微观层面分析的基础上而构建的学校本位课程开发模式，被认为是课程开发情境模式的典型代表。斯基尔贝克的情境分析模式强调按照不同学校的具体情况，在对学校情境予以全面分析与评估的基础上开发课程方案。课程开发的中心及焦点在于具体的、单个学校及其教师，并认为学校本位课程开发是促进学校获得真正发展的最有效方式。这一模式由五个阶段构成，如图 2-4 所示。

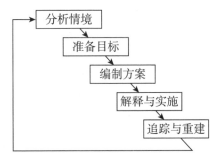

图 2-4　斯基尔贝克的情景分析课程开发模式[1]

第一，分析情境，即指对制约学校课程的内外因素及其相互作用的分析。其中外部因素主要包括：文化、社会及意识形态的变迁，家长、社区、雇主的期望，教育政策、考试制度及教育系统、地方教育当局的要求，教材性质的变化等。内部因素主要包括：学习者的心理特点，教师的价值取向、态度、技能、知识、经验，学校风气及其政治结构、物质资源，当前课程所面临的问题。

第二，准备目标，即依据对情境中各种制约课程因素的分析和诊断的结果，确定体现着意在改变某方面情境的各种决策的课程目标。课程目标应清楚、明确地阐明教师的行为、学习者的行为、预期的学习结果、教学目标等指标规范。

第三，编制方案，即依据已确定的课程目标选择学习材料、设计教学活动方案，如教学顺序、结构、范围、活动方式、时间表、活动场所等。

第四，解释与实施，即对课程方案实施中可能出现的各种实际问题予以解释，并在实施中设法解决。

① 崔允漷．校本课程开发：理论与实践［M］．北京：教育科学出版社，2000．

第五，追踪与重建，即对教育结果进行全面的检查、评价，不只局限于课程目标的达成度。评价范围具体包括学习者在课堂活动中的进步情况，以及学习态度等各个方面的学习成果，并以此作为反馈与重建的内容和依据。

在课程开发方法论探究中，情景模式作为当代最有影响的三大课程开发理论之一，被视为既能包含目标模式又能包含过程模式的综合化课程开发理论，是一种灵活的、适应性较强的课程开发模式。事实上，情景模式采用文化分析及情景分析的方法，将课程开发置于社会文化背景基础上及学校教育的具体氛围中，使课程既具有较宽泛的理论基础又具有较具体的现实性依据。因而，情景模式在全面性、现实性指标方面显示出更为合理恰切的特征，至少在逻辑上既克服了目标模式的机械性、狭隘性的弊端，又弥补了过程模式的主观性及理想化的不足。①

第四节　运用课程开发模型

课程开发模型是社会培训课程开发最关键的工具和方法，了解经典与创新的课程开发模型，是培训师进行课程开发有效的抓手。

一、ISD 模型：基于系统分析的课程开发②

ISD 模型（Instructional System Design Model）即教学系统设计模型，它是以传播理论、学习理论、教学理论为基础，运用系统理论的观点和方法，分析学

---

① 郝德永 . 课程研制方法论 [M]. 北京：教育科学出版社，2000.

② 课思课程中心 . 培训课程开发模型与工具大全 [M].2 版 . 北京：人民邮电出版社，2018.

习中的问题与需求，并从中找到最佳答案的一种课程开发模型，主要应用于知识与技能方面的培训课程开发。

在运用 ISD 模型之前，培训师应先仔细观察培训对象的工作过程，然后通过对其工作过程的分析，开出能够提高他们工作技能的综合"药方"。ISD 模型注重对培训活动的有效分析、设计、规划和安排，其过程要素如图 2-5 所示。

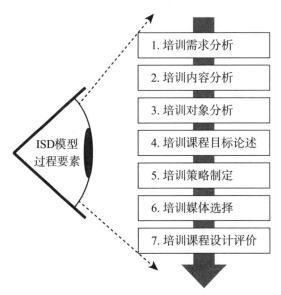

图 2-5　ISD 模型的过程要素

（一）培训需求分析

培训需求分析是指通过分析培训对象的目前状况与期望状况之间的差距，得出培训需求。

（二）培训内容分析

培训内容是指为实现培训目标而要求培训对象系统学习的知识、技能、态度和行为经验等。培训内容分析就是围绕培训目标，确定培训内容的范围、知识深浅的程度和技能复杂的程度，揭示培训内容各部分之间的联系。

（三）培训对象分析

为了使培训课程具有较强的针对性和实用性，培训师必须加强对培训对象的分析。分析培训对象的目的是了解他们的一般特征、学习风格和初始能力等情况，为培训课程内容的选择和组织、培训目标的确定、培训活动的安排、培训策略的制定等提供可靠的依据。

（四）培训课程目标论述

培训课程目标是指培训对象在知识、情感和技能等方面应达到的标准。在培训课程设计过程中，培训课程目标发挥着重要的作用，因为它是选择培训课程内容和实施培训课程评价的依据。

（五）培训策略制定

培训策略是指对为完成特定培训课程目标而采用的培训活动顺序、授课方法、培训组织形式和培训媒体等因素的总体考虑。它包括五个方面的策略要素，即培训教学活动程序、培训方法、培训教学组织形式、培训学习内容的传递顺序和培训教学媒体。

（六）培训媒体选择

培训媒体是指在传播知识、技能和情感的过程中，储存和传递培训课程信息的载体与工具。

（七）培训课程设计评价

培训课程设计评价是指以培训课程目标为依据制定合理的评价标准，并运用一切有效的技术手段，对培训课程设计过程及其培训结果进行测定与衡量。

二、HPT 模型：基于绩效改进的课程开发

HPT 模型（Human Performance Technology Model）即人员绩效技术模型，它通过确定绩效差距，设计有效益和效率的干预措施，获得所期望的人员绩效。HPT 模型不仅被用于绩效因素的分类，还可用于绩效差距的消除。[①]

HPT 模型将绩效改进分为五个环节，即绩效分析、原因分析、干预选择与

① 课思课程中心.培训课程开发实务手册［M］.3 版.北京：人民邮电出版社，2017.

设计、干预实施与变革、评价。HPT 模型示意图如图 2-6 所示。

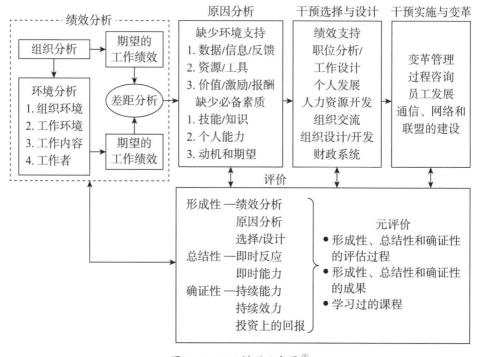

图 2-6　HPT 模型示意图[①]

（一）绩效分析

绩效分析是根据组织的目标和能力得出组织的绩效要求，确定员工为实现组织的战略和完成组织的使命而需要达到的能力和竞争力与目前状态的差距。

（二）原因分析

产生绩效差距的原因往往是错综复杂的，这就要求模型使用者必须深入调研和挖掘，以便发现产生绩效差距的原因。

（三）干预选择与设计

干预选择与设计是绩效改进最重要的一环，它是基于绩效分析和原因分析而精心设计、开发的计划与方法，用于减少（或消除）员工实际绩效与期望绩效之间的差距。对绩效问题的干预措施可能有多种，这就要求模型使用者在制定

---

① 课思课程中心.培训课程开发实务手册［M］.3 版.北京：人民邮电出版社，2017.

和选择干预措施时要注重结果导向，讲求成本–效益原则，能够从全局出发解决问题。

（四）干预实施与变革

为了顺利实施干预措施，企业相关人员必须了解变革管理的推动技巧，并在干预过程中提供相关咨询服务，建立沟通管道、网络关系及合作机制等，以使员工能明确了解这些干预措施的目的与影响，并能使企业获得相关资信与支持。

（五）评价

由国际绩效改进协会（ISPI）提出的 HPT 模型将评价分为四类，即形成性评价、总结性评价、确证性评价和元评价。评价不是整个模型的最终环节，而是贯穿于绩效改进的全过程，评价的最终目的在于指导和影响决策。[①]

三、CBET 模型：基于能力本位的课程开发

CBET 模型（Competency Based Education and Training Model）即能力本位教育培训模型，它是一种以某一工作岗位所需的能力作为开发课程的标准，以使培训对象获得这种能力为培训宗旨的培训课程模型。

能力是对人综合素质的一种表述，它可以是动机、特性、技能、人的自我形象、社会角色的一个方面或所使用的知识整体，同时它也是个人履行岗位职责所需的基础条件。通过培训，人的潜能可以转化为能力。能力本位指的是从事某项工作所必须具备的各种能力系统，其一般由 1—12 项综合能力构成，而每一项综合能力又可分为若干专项能力，每个专项能力由知识、态度、经验和反馈构成。[②]

CBET 模型是在对岗位所要求能力进行分析的基础上先开发培训课程，然后实施培训，最后对培训的各个环节进行评价。CBET 模型的应用流程如

---

① 课思课程中心 . 培训课程开发模型与工具大全［M］.2 版 . 北京：人民邮电出版社，2018.
② 课思课程中心 . 培训课程开发实务手册［M］.3 版 . 北京：人民邮电出版社，2017.

图 2-7 所示。

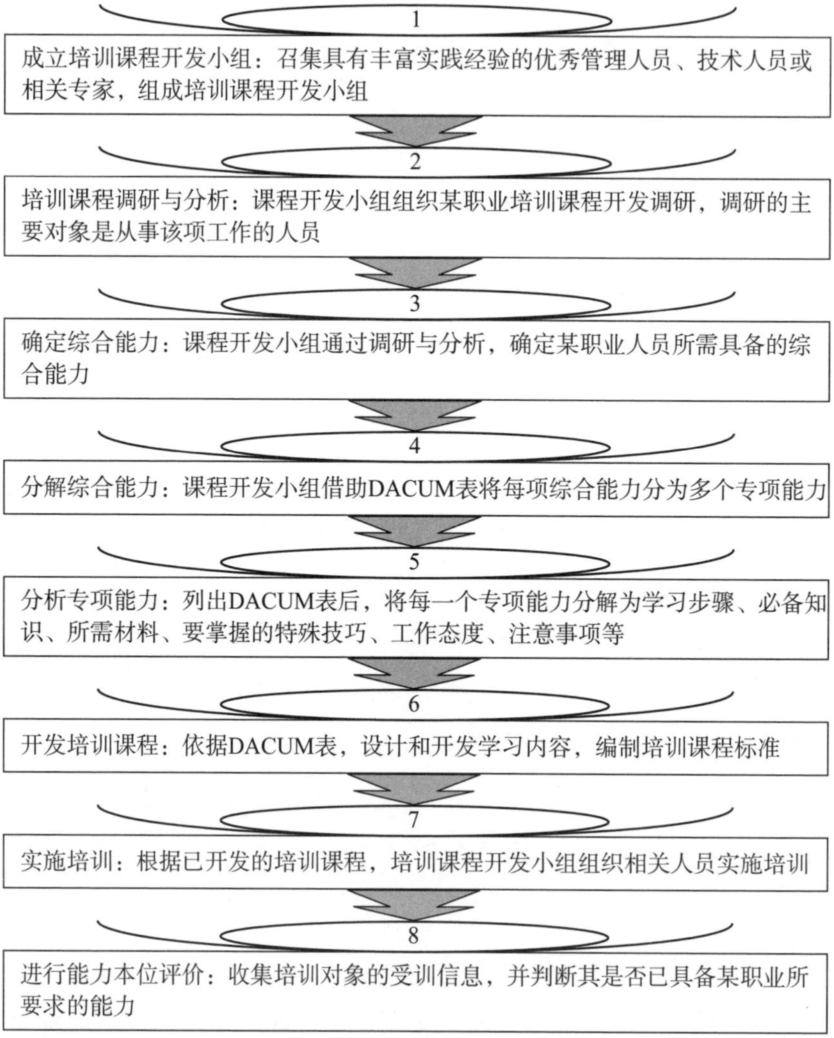

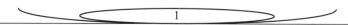

1
成立培训课程开发小组：召集具有丰富实践经验的优秀管理人员、技术人员或相关专家，组成培训课程开发小组

2
培训课程调研与分析：课程开发小组组织某职业培训课程开发调研，调研的主要对象是从事该项工作的人员

3
确定综合能力：课程开发小组通过调研与分析，确定某职业人员所需具备的综合能力

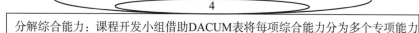

4
分解综合能力：课程开发小组借助DACUM表将每项综合能力分为多个专项能力

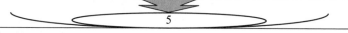

5
分析专项能力：列出DACUM表后，将每一个专项能力分解为学习步骤、必备知识、所需材料、要掌握的特殊技巧、工作态度、注意事项等

6
开发培训课程：依据DACUM表，设计和开发学习内容，编制培训课程标准

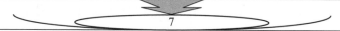

7
实施培训：根据已开发的培训课程，培训课程开发小组组织相关人员实施培训

8
进行能力本位评价：收集培训对象的受训信息，并判断其是否已具备某职业所要求的能力

图 2-7　CBET 模型应用流程 [①]

（一）成立培训课程开发小组

在应用 CBET 模型前，企业相关人员要根据开发课程的类型，召集一些在企业长期从事某岗位工作、具有丰富实践经验的人员和相关专家组成课程开发小组。

---

① 课思课程中心.培训课程开发模型与工具大全［M］.2 版.北京：人民邮电出版社，2018.

（二）培训课程调研与分析

课程开发小组组织某岗位培训课程开发调研，调研的主要对象是任职于该岗位的工作人员，调研的目的是了解该岗位人员需要具备哪些能力。

（三）确定综合能力

培训课程开发小组依据调研讨论情况和某项职业能力的国家标准，确定相应人员具备的综合能力。

（四）分解综合能力

综合能力确定后，培训课程小组成员通过深入分析将每项综合能力分解为多个专项能力，通常一项综合能力包含6—30个专项能力，且在教学计划开发，即 DACUM 分析表中，以从简到繁、从易到难的顺序进行横向排列，其编码分别为 1、2、3、…、30。

（五）分析专项能力

培训课程开发小组列出 DACUM 分析表后，将每一个专项能力分解为学习步骤、必备知识、所需材料、要掌握的特殊技巧、工作态度、注意事项等。

（六）开发培训课程

依据 DACUM 分析表的分析结果，设计和开发培训课程内容，编制培训课程标准。培训课程内容的选择应突破内容理论化的局限，围绕工作任务，以技术实践知识为主的标准进行选择；课程内容顺序的安排应突破知识系统化的逻辑限制，以任务的难易程度而不是知识的逻辑结构排序；课程目标从"掌握……知识，具备……能力"的模糊表述转向"能用……知识做……事项"的具体要求；培训方法以项目技能培训为主；培训评价以培训对象对所学知识技能的实际应用为依据。

（七）实施培训

根据已开发的培训课程，培训课程开发小组组织相关人员实施培训课程。

（八）进行能力本位评价

当培训对象学习完某培训课程后（或具有了某项专业能力后），企业人力资源部可以对培训对象进行考核评估，具体的考核方法应根据培训课程的特征和培训对象的特征加以确定。[①]

四、ADDIE 模型：基于设计程序的课程开发

ADDIE 是 Analysis（分析）、Design（设计）、Development（开发）、Implementation（实施）、Evaluation（评价）5 个英文单词的首字母缩写。该模型是一种交互式的课程设计程序，任何一处的形成性评价都将使课程开发者返回到前面的阶段，每一阶段形成的结果都是另一个阶段开始新内容的条件。[②]

ADDIE 模型的应用流程包括分析、设计、开发、实施、评价五个步骤，如图 2-8 所示。

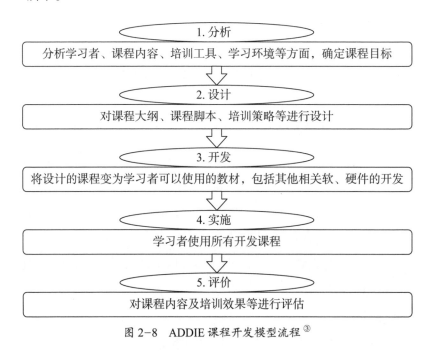

图 2-8　ADDIE 课程开发模型流程[③]

①② 课思课程中心．培训课程开发模型与工具大全［M］．2 版．北京：人民邮电出版社，2018.

③ 课思课程中心．培训课程开发实务手册［M］．3 版．北京：人民邮电出版社，2017.

（一）分析阶段

分析阶段作为整个培训过程的首要环节，是确定培训目标、编制培训计划的前提，也是开展培训评价的基础。培训课程开发人员可通过问卷调查、座谈、电话访谈等方式了解培训对象的需求。分析阶段的内容主要包括培训需求分析、培训对象分析、现有培训资源分析、培训内容分析与培训环境分析。

（二）设计阶段

根据前期分析阶段的结果，在该阶段确定培训课程体系与培训实施策略、选择具体的媒体形式等。对于培训课程的设计，主要考虑为什么（Why）、何时（When）、何地（Where）、目标（What for）、内容（What）、方式（How）与谁（Who）。

（三）开发阶段

在分析和设计的基础上，根据培训对象的特点和培训内容的要求选择合适的培训师，编制、开发培训资料，明确培训教学媒体。在此阶段，培训师可随时与培训对象沟通交流，以保证培训内容的有效性和针对性。

此外，还要编制培训评估问卷与座谈提纲，在培训结束后对培训的效果、存在的问题以及培训对象的建议进行评估与分析。

（四）实施阶段

实施阶段主要是通过各种不同的培训策略和形式向培训对象传递培训课程内容。开展培训活动时可采用多样化的培训形式，确保培训内容符合培训对象的培训需求，并注重对培训对象进行方法论指导，从而实现培训教学活动从培训课堂到实际工作地点的延伸。

（五）评价阶段

评价阶段贯穿培训教学设计过程的始终，评价可分为过程性评价和总结性评价两种。

过程性评价在 ADDIE 模型中的各个阶段内以及各阶段之间进行，培训课程开发人员通过调查问卷、面试或访谈等方式收集信息，以不断完善培训教学设计方案，凸显 ADDIE 模型的内在循环特征。

在培训课程实施阶段完成后可进行总结性评价，开发人员对知识传递、培训效果、培训对象的态度与行为改变等方面进行考察和跟踪，依据调查结果确定本次培训活动是否有效、培训目标是否实现、培训策略是否完善，以强化 ADDIE 模型的序列化特征并突出模型的步骤化程序和可操作性。[①]

【案例研习】

 我是一名校外信息技术教育的老师，我教授一些技术软件常用工具的使用方法，看看我是怎么运用 ADDIE 模型进行课程开发的吧！

ADDIE 课程开发——Photoshop 图形图像处理[②]

★ STEP 1：分析

1. 学习需求分析

在翻转课堂背景下，课程的学习需求体现在需要用教学解决的问题是什么，通过网络调研发现，学习者期望能够通过课程帮助他们解决职业技能的问题，如解决在美工类工作和设计类工作中遇到的平面设计和软件应用的问题。

2. 学习者特征分析

通过调研发现，学习者大多数是接受过良好教育的大学生，喜欢接受生动有趣的知识，对于枯燥的理论大多持保守的态度，需要为课程提供生动有趣的内容和老师和蔼、风趣的态度，对喜欢的事物会有学习的热情，但是持续性较差，需要不断地激励才能让他们继续前进。

3. 学习内容分析

学习结果可以分为智慧技能、认知策略、言语信息、动作技能和态度。其中，智慧技能是一种习得的技能，其复杂程度能够体现学生对问题解决的过程。这也是本课程以解决问题为导向需要培养的能力。智慧技能的获得要求学习者能够辨别物理刺激、识别和理解概念、分析和应用规则、解决和评价问题。微

---

① 课思课程中心.培训课程开发模型与工具大全［M］.2 版.北京：人民邮电出版社，2018.

② 赵婧.翻转课堂背景下 ADDIE 模型在《PHOTOSHOP 图形图像处理》中的应用研究［J］.科学咨询（科技·管理），2021（7）：126-127.

课程适合以情景化的方式展示与 Photoshop 和色彩、版面等相关的概念、规则、原理等知识点。以引入案例的方式，帮助学习者构建知识应用的场景，在接近真实的场景中完成对知识的认知，获得智慧技能。

4. 学习资源和约束条件分析

在翻转课堂背景下，学习者会进行更多的混合学习，学习过程受到以下几个因素的影响。

第一，时间。学习者需要碎片化的时间来进行学习，积累软件操作的技能和平面设计方面的知识点；教师要设计教学视频、多样化的教学活动来满足学习者的学习需要。比如，软件中单一工具的讲解、工具群的讲解、色彩基础知识的讲解等。第二，多媒体资源。除了教学 PPT 以外，教师应该提供微课程、案例库以及满足教学活动需要的图片、文案、音频、视频等多媒体资源。除了教材所需的案例图片以外，还需要提供优秀案例图库、设计稿、行业教学视频等内容。第三，交互学习。翻转课堂要求向以学习者为中心的合作、交流转变。学习者需要通过与教师和其他学习者的交互式学习，以及反思性学习、批判式学习来进行知识的意义构建。在课堂教学中，借助项目可以让小组成员和组间成员产生激烈的讨论，碰撞出设计的火花。

★ STEP 2：设计

1. 确定教学目标

确定教学目标能够向学习者清晰地传递学习期望，这将有助于学习者在构建的环境中获得智慧技能。微课程的教学目标应以区分、识别、分类、演示、生成等可观察的习得性行为来描述，可以清晰地传递预期的学习类型和可能的结果，帮助学习者完成认知。课程的微视频在开始之前，会以小标题展示知识点的主要内容，以提问或测试的方式来引导学习者理解学习的目标。

2. 制定教学策略

课程的教学策略包括两个方面。第一，教学组织策略。混合式学习的组织和管理要求教师在课内和课外都要建立教学秩序和规则，让学习者能够了解并遵守规则，以达到预期的学习目标。线上平台的管理功能，如签到、测试、问答、投票、讨论等，有助于教师开展教学管理，并让教师在线下完成知识广度和深度的拓展。第二，知识传递策略。线上微课程的方式将知识点以视觉、听觉、触觉的方式传递给不同偏好的学习者，提高了知识传递的效率。线上直播的方式可以使学习者通过相互交流来同步合作完成学习，促进知识的构建和迁移。

3. 安排教学事件

课程的教学事件包括引起注意、告知学习目标、回忆旧知识点、呈现刺激、提供学习指导、引出行为、提供反馈、测量行为、促进保持和迁移。这些事件通过课程的线上微视频、直播和线下传统课堂教学来完成。例如，在讲解修复老照片这一章节时，我会先让学习者在上课之前观看微视频，以完成相关工具的基础学习。课堂教学期间，首先出示一张典型的老照片，告知修复的目标，引发学习者的讨论，并且让他们回忆需要哪些工具来解决图片的问题，以达到修复目标。其次，教师使用工具演示完成图片的修复，并且告知工具的使用范围和使用场景，提供正确的范式。接着，学习者操作完成案例，并在在线平台展示他们的效果图，提供反馈。最后，教师根据反馈完成教学指导。

4. 制订评价计划

教学评价关注的是学习者是否掌握了学习目标。从三个维度制订评价计划：学习者的反应、学习者的成就、学习者的迁移。体现在评价系统上，除了使用访谈问卷等方式了解学习者的情况，还可以通过学习者访问次数、点击量、评论数量、讨论次数、签到次数、测试分数、作品质量等后台数据来进行客观评价，也可以通过学习者的课堂讨论质量、作品质量、作品变化、课堂学习状态来进行主观评价。

★ STEP 3：开发

1. 制作课件

PPT 课件是教学中常用的信息传递媒介。在该课程中 PPT 制作应该充分发挥视觉刺激、学习引导、强化记忆的作用。PPT 充分运用色彩和图形图案来引起视觉刺激，吸引学习者关注；通过图形化的文字和有限的信息量来引导学习者完成概念的识别和原理的理解；通过实际的案例来构建情景，更新学习者的认知图示，强化记忆。

2. 开发情景教学脚本

课程的情景教学以学习者为中心，通过合作学习的方式完成知识的意义构建。例如，把网店页面设计的实践项目细分成不同的部分，每部分的任务相对独立又相互联系，学习者3—5人一组，每组完成一个任务，最终讨论完成整个项目。教师在情景教学中扮演组织者和引导者的角色。

3. 开发专题微课程

图片的处理和设计需要学习者获得色彩、排版等方面的知识，同时具备软件的操作能力。微课程除了呈现基础的知识点外，还应以专题案例的形式帮助学习者完成高级的认知，掌握解决问题的能力。例如，开发设计封面、修复照片、人物美颜、抠图技巧等方面的专题课程，有利于帮助学习者掌握课程的高级技能。

4. 编制测试题

测试题是翻转课堂中必要的手段。课前测试，帮助学习者回忆旧的知识，为新技能的学习做准备；课中测试，引起学习者的注意，完成学习的引导；课后测试，帮助学习者了解自己是否掌握了新的知识和技能。该课程在组织和引导中引入了三种测试，强化色彩、版面和软件操作等琐碎知识点的记忆，为展开课堂教学做好铺垫。

★ STEP 4：实施

1. 线上实施

线上实施以平台为基础展开。第一，录制微视频，制作学习所用的图片、文案上传至在线学习平台。第二，设计教学各环节的活动和教学所用测试题，并通过在线平台实施。第三，设计教学评价体系，通过在线平台返回的数据，调整教学策略。

2. 线下实施

线下实施以课堂教学的方式展开，教师作为讲授者和组织者参与到教学活动中，在每一个教学环节中引导和激励学习者完成理解和应用环节，最终能够达到评价的目标。

★ STEP 5：评估

1. 学习过程评价

课程的学习过程评价体现在流量、访问次数、频率、视频观看的时长、讨论次数、讨论质量、签到等方面。这些指标的评价能够较为客观地了解学习者课前预习和课后深入学习的状况。

2. 学习效果评价

课程的学习效果评价体现在测试正确率、测试提交次数、完成项目的质量、提交作业的图片质量、考试的成绩等方面。这些指标能够较为客观地了解学习者的成长过程，并且通过反馈的数据帮助教师完成教学策略和方法的调整。

五、PRM 模型：基于问题解决的课程开发

PRM 是 Phenomenon（现象呈现）、Reason（原因分析）、Measures（措施及解决方案）的简称，它是一种基于问题解决的课程开发模型。在社会培训课程，尤其是"微课程"的开发中，PRM 是最容易掌握的一种模式，社会培训师经常采用这种课程开发方式。[①] PRM 模型的操作流程如图 2-9 所示。

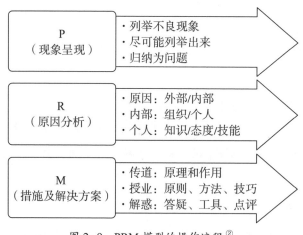

图 2-9 PRM 模型的操作流程 [②]

①② 段烨.培训师 21 项技能修炼（上）：精湛课程开发［M］.北京：北京联合出版公司，2014.

PRM 是一个完整独立的模块，一个课程可以由多个 PRM 组成，可以根据具体的需求不断组合。

第一步：现象呈现。列举培训对象存在的各种不良现象，用麦肯锡"相互独立，完全穷尽"的原则，把所有的现象尽可能地罗列出来。

第二步：原因分析。分析和挖掘导致以上现象的原因，尽可能把与之相关的所有原因都找出来，绝不遗漏，并做好轻重缓急排序，找到首要原因。

第三步：措施及解决方案。按照"传道、授业、解惑"的顺序设置内容：传道，即专业知识与解决问题的原则、原理和指导思想；授业，即给出解决这类问题的具体方法、技巧、工具，确保培训效果；解惑，即答疑解惑，设置问题解答环节。

现象呈现和原因分析只能通过调查获得，不能是培训师自己想象出来的现象和原因；措施及解决方案是培训师根据需求的调查情况，结合自己的专业所提供的解决方案。

【案例研习】

 我是一名校外少儿交际与口才培训的老师，我的培训对象是 6—12 岁的少年儿童，我开发的课程旨在教授少儿人际交往与沟通方面的能力，看看我是怎么运用 PRM 模型进行课程开发的吧！

PRM 课程开发——高效沟通

★ STEP 1：现象呈现

在人际交往中，少儿在沟通方面存在的问题有哪些？

（PS：在现象呈现过程中，要选择合适的调查方式，如问卷调查或访谈等。）

★ STEP 2：原因分析

针对上述存在的各种问题，探讨你觉得最主要的原因有哪些。

（包括家庭层面、学校层面、个人层面）

★ STEP 3：措施及解决方案

确定培训主题：少儿交际之高效沟通——5W1H

（1）传道：关于沟通的知识和原则。

What：什么是沟通？沟通的原则有哪些？

Why：沟通的作用和目的是什么？

How：如何讲？如何听？如何做到双向沟通？如何处理矛盾？

（2）授业：提高沟通技能的方法与技巧。

Who：同辈之间如何沟通？与家长如何沟通？与教师如何沟通？

When：沟通的时间和时机。

Where：沟通的场合和地点。

（3）解惑：沟通中常见的困惑有哪些？

将个人遇到的特殊问题形成系列培训课程

……

六、SAM 模型：基于项目体验的敏捷课程开发

SAM 模型（Successive Approximation Model），即逐渐逼近模型，是目前最流行的一种敏捷课程开发模式。与传统线性模式所不同的是，SAM 更加注重设计原型的持续迭代，将课程开发过程划分为准备、迭代设计、迭代开发 3 个阶段，如图 2-10 所示。

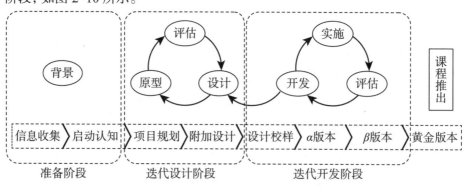

图 2-10　SAM 模型课程开发过程

（一）准备阶段

准备阶段是 SAM 的基础，涉及信息收集和启动认知两项任务，其目的在

于快速收集与审查背景信息（如组织需求、预期目标、可用材料、培训责任、影响因素等），以便为设计原型架构及实施方案提供依据。

（二）迭代设计阶段

迭代设计为 SAM 的中心环节，涉及项目规划和附加设计两项任务，其目的在于通过研讨与头脑风暴对设计原型和方案进行改进与优化。

（三）迭代开发阶段

迭代开发为 SAM 的核心过程，包括设计校样、α 版本、β 版本、黄金版本四次迭代。其中，设计校样是课程的可视化样例，相当于"课程大纲"；α 版本为课程内容设计的最初形态；β 版本是 α 版本的升级版，如果该版本没有问题，将会提前结束开发流程；黄金版本为课程内容设计的最终样态。[①]

【案例研习】

我是一名家庭教育的培训师，我开发的课程旨在提升家长的家庭教育能力，本次想开发"优秀家长的经验萃取"课程。下面一起来看看我是怎么运用 SAM 模型进行课程开发的吧！

SAM 课程开发——优秀家长的经验萃取[②]

表 2-3 "优秀家长的经验萃取"SAM 课程开发

阶段	环节	内容
准备	课程背景	为中小学家长准备课程，使他们能学到实用的家庭教育方法
	课程名称	家庭教育中的实践智慧
	参与人员	课程开发者、家庭教育指导师、儿童教育专家、中小学生家长
	模板准备	设计模板、开发模板、案例萃取模板、评估模板
	需求收集	预先收集家长对家庭教育的需求

---

① 段春雨.敏捷课程开发的缘起、特征与模式[J].数字教育，2020，6（4）：8-14.

② 闫寒冰，李帅帅，段春雨，等.敏捷理念在教师培训课程开发中的应用研究[J].中国电化教育，2018（11）：33-38+45.

（续表）

阶段	环节	内容
迭代（多轮）	设计	根据设计模板分解家长家庭教育的板块
	评估	由课程开发者、家庭教育指导师、儿童教育专家根据评估模板对涉及成果进行质量评估 （如需做出修正，重返设计环节）
	开发	根据家庭教育的模块，吸纳优秀家长进入开发团队，有针对性地萃取优秀家长的最佳实践，以案例的形式不断加到课程之中
	评估	由课程开发者、家庭教育指导师、儿童教育专家、中小学生家长对"最佳实践案例"的质量进行评估 （如需做出修正，重返开发环节）
	实施	开展由家长参加的工作坊（事实上，就是吸纳他们加入开发团队），家长学习现有课程内容并提出问题和质疑，开发团队参与工作坊的整个过程，吸纳反馈；优秀家长参与整个过程，不断答疑解惑，并将这些动态生成的内容再次补充到课程之中 （如需做出修正，重返开发环节）
完善	整理	将完成的课程完善整理，形成可交付的课程

七、PCD模型：参与式课程开发模型①

PCD（Participatory Curriculum Development），即参与式课程开发，在国内成人培训领域应用比较广泛，旨在通过学习者以及其他利益相关主体的参与，能够最大限度地保证多元主体在课程设计、实施与评价的过程中主观能动性的发挥，从而提高整个课程的效果。参与式课程开发模型主要包括六大步骤，即需求的调研与分析、需求决策、确定课程大纲、设计课程具体内容、实施课程、

① 赵师敏，陈鑫佳.参与式老年教育课程开发模型构建研究——以"传家宝——隔代教育面面观"特色课程开发为例[J].当代继续教育，2017，35（2）：58-62；茹宏丽，汤文学，吕赛平.教育技术能力培训中参与式课程开发与应用的探索[J].电化教育研究，2009（8）：64-66+70.

评价课程，如图 2-11 所示。

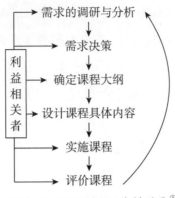

图 2-11　PCD 课程开发模型图[①]

（一）需求的调研与分析

通过问卷调查、访谈、研讨会等方式，收集学习者对培训的期望和要求，同时关注不同利益相关者的需求，并整理、归纳、分析所收集的资料。

（二）需求决策

对各种需求进行筛选和取舍，最后做出恰当的需求决策，这是确保课程开发成功的重要流程。

（三）确定课程大纲

根据在上一个步骤中筛选出来的需求，各方利益相关者需要对课程进行大致的规划，形成初步的课程框架。这一框架一般包含课程的主要目标、主要话题、主要覆盖的领域与主要学习结果。

（四）设计具体课程内容

根据已制定出的课程大纲和培训的需求分析，重新开发详细的教学内容，选择并确定与之相适应的学习材料、教学方法和教学资源，制定出详细的教学目标，并设计出评价的方式。

① 赵师敏，陈鑫佳．参与式老年教育课程开发模型构建研究——以"传家宝——隔代教育面面观"特色课程开发为例［J］．当代继续教育，2017，35（2）：58-62.

（五）实施课程

课程实施主要包括三个方面。首先是前期推广，也就是对课程的宣传。其次是整合资源，在每次课程实施时，需要根据具体的课程内容开展筹备工作，需要将各方面的人力、物力、财力资源进行整合，共同参与，共同得益。最后就是对课堂的调控，调控的对象主要包括学员、教师以及学员与教师的互动。

（六）评价课程

评估是一项非常重要的、贯穿整个课程开发过程的工作。它出现在课程开发的每个环节，对课程开发过程中的每一个步骤都进行评价与反思，然后进行修改，如此循环，以追求最有效、最合适的培训课程。

【想一想】

1. 在您当前的课程开发中，多大程度上符合以上取向和原则？请在符合处打"√"。

表2-4　课程开发取向和原则自评表

取向／原则	总是	经常	有时	偶尔	从不
育人为本					
全面发展					
价值整合					
实践性					
情境性					
开放性					
协调性					
适切性					

2. 学习本章内容后，请选择一个主题，运用合适的课程开发模型进行课程开发。

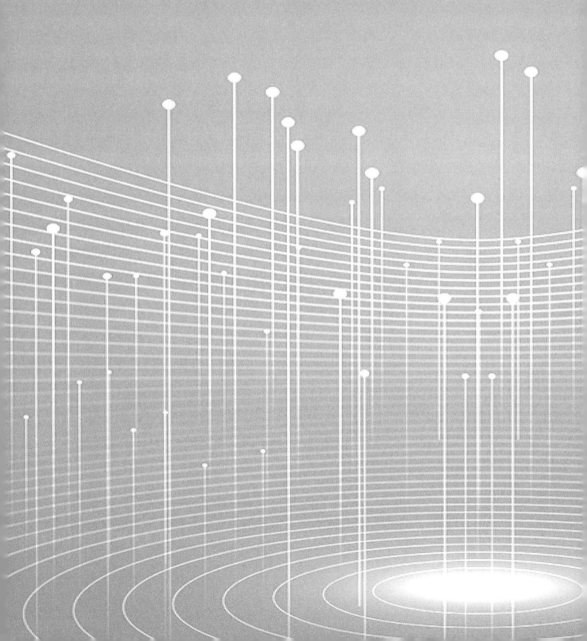

第三章

教 学 设 计

本章将引领你解读四个问题：什么是教学设计？为什么要进行教学设计？教学设计理念的历史演进如何？应如何进行教学设计？通过学习教学设计的两种经典模型与六种创新模型，搭配具体案例，方便你直接理解迁移，展开教学设计实操，提升专业水平！

本章框架

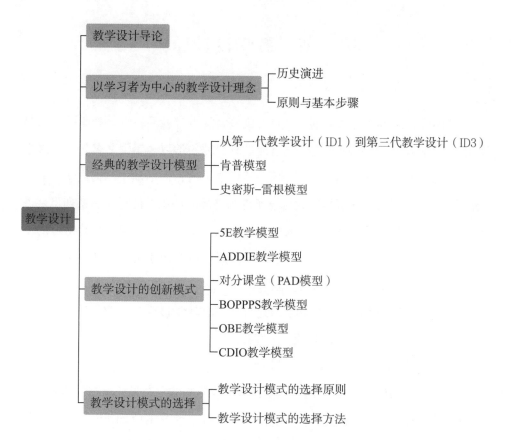

第一节　教学设计导论

培训师在进行校外教育时，时间占比最大的内容就是教学。教学的目的是帮助人们学习，教育的功能之一就是促进有目的的学习。美国著名教育心理学家罗伯特·M.加涅（Gagne）将教学定义为"嵌入有目的活动中的促进学习的一系列事件"[①]。那么，基于学生的自身条件与外部的环境条件对这一系列事件进行有序安排就是教学设计（Instructional Design，ID）。由于学习者与情境的多样性，并不存在唯一的、最优的教学设计模型。但怎样才是更好的教学设计需要有内在指向，所以我们要在进行教学设计前达成基本共识。[②]

第一，教学设计必须以帮助学习过程而不是教学过程为目的。教育的目的是帮助学习者"学会"，也就是说，学习者的最终目标与预期的学习结果指导着学习活动的设计与选择。

第二，需要认识到，学习是一个受许多变量影响的复杂过程。在达到期望学习结果的过程中，学习者会受到很多因素的干扰。卡罗尔（Carroll）在他的《学校学习模式》中至少界定了五个影响学生所能达到的学习程度的主要变量：（1）学生的毅力；（2）允许学习的时间；（3）教学质量；（4）学生的能力倾向；（5）学生的学习能力。[③]培训师在进行教学设计时需要对这些变量进行综合考虑。

第三，教学设计模型可以在多种水平上运用。教学设计模型是将关键的教学事件的属性、功能、关系等简化和抽象出来的组织形式，对不同的教学设计具有

---

①② 加涅，等.教学设计原理［M］.王小明，庞维国，等译.上海：华东师范大学出版社，2007.

③ Caroll，J B．A model of school learning［J］.Teachers College Record，1963，64（8）：723-733.

普遍的指导意义。不管具体的教学设计是设计一节课、一天的活动、三天的培训，还是在大规模项目中包含多位设计者的协作，教学设计模型都可以保持同一性。

第四，设计是一个反复的过程。教学设计的完成在具体的教学活动实施之前，但"计划赶不上变化"，好的教学设计并不是死板僵硬的，需要根据教学中学习者的学习情况做出动态调整。

第五，教学设计本身是一个过程，由一些可识别的相关子过程组成。如前所述，教学设计是将一系列教学活动组织起来，如在最简单的水平上，教学设计将预期的结果、教学方法、学生的评价联系起来。

第六，不同类型的学习结果需要不同类型的教学。没有一种教授所有事物的最佳方式。适合于我们预期的结果类型的学习条件，将影响我们对学习活动与材料设计的思考。尤其是在校外教育领域，非学科教育的内容更是多种多样，如以编程教学为代表的知识类、以乐器教学为代表的操作类、以演讲教学为代表的素养类等，无法使用统一的教学设计。

关键词卡片
教学　　　　　　　　　教学设计　　　　　　　　教学设计模型 　　　教学设计共识

【想一想】

回忆一下你在准备教学时最看重的要素是什么，请按照实际情况对以下要素排序：

A. 在教学中讲授足够的知识　　　D. 精准把握教学时间

B. 学生对教学内容产生浓厚兴趣　　E. 学生对教学内容的真正掌握

C. 教学过程中保持良好的纪律　　　F. 学生在学习过程中有和谐的合作

我的顺序是：＿＿＿＿＿＿＿＿＿＿＿＿

让我们带着这样的理解进入后续的学习！

第二节 以学习者为中心的教学设计理念

教学设计要将学习者包括在设计过程中，这是以学习者为中心教学设计理念的体现。那么以学习者为中心的理念是如何产生的？到底什么是以学习者为中心？

【想一想】

以下是对以学习者为中心教学的几种讨论：

A. 以学习者为中心就是上课按学习者的学习情况来，这样的话教师的授课时间将不可预测，使教师难以控制课堂节奏。

B. 以学习者为中心就是个性化教学，但一个课堂不止一名学习者，无法兼顾。

C. 以学习者为中心就是让学习者自主学习，但这样学习者的学习质量无法保证。

你对以学习者为中心教学的看法是？

_____

_____

一、以学习者为中心的教学设计理念：历史演进

（一）古代教育哲学思想启蒙

国内外体现以学习者为中心理念的教育、教学思想古已有之。在《论语》

中，孔子有很多论述，"学而不思则罔""温故而知新""不愤不启，不悱不发""三人行，必有我师""多闻，择其善者而从之""古之学者为己，今之学者为人""有教无类"等。《礼记·学记》中提出："教也者，长善而救其失者也。""长善救失"，就是要让学生身上"善"的因素生长出来，用"善"的因素去克服"不善"的因素。[①]

古希腊哲学家苏格拉底认为，真理存在于每个人的内心，教师的任务就是要帮助人们去发现自己内心的真理。具体做法是：通过提问、辩论等方法来揭示学习者认识中的矛盾，让学习者认识到自己的回答的荒谬、错误之处，引导学习者得出正确答案，这就是历史上著名的"产婆术"。柏拉图从其唯心主义理念出发，认为理念是最高的、不变的实在，个别事物"分有"理念，理念存在于每个人心中，人的认识就是去"回忆"理念。他的认识论是"回忆说"，在他看来学习就是回忆理念世界的过程，教师的工作是帮助学习者回忆先前熟悉的理念。苏格拉底和柏拉图都一致认为，学习者内心已经拥有真理，教育就是教师引导学习者去发现自己身上的真理。[②]

（二）近代教育思想转变

为什么自近代以来的教育教学又忽视了以学习者为中心呢？其主要原因有班级教学制和工业革命的影响。

首先，班级教学制的影响。近几百年来，教育观念、教学方式改变的典型之一，是夸美纽斯提出的班级教学制。班级教学制把学习者组织成班级，由一位教师面向班级统一授课。班级教学制的提出和实施，大大提高了教学效率，但同时也对师生关系产生了负面影响，带来了种种弊端。

其次，工业革命的影响。工业革命使机器取代人力，大规模工业化生产取代个体手工业生产。工业革命不仅引起生产组织形式的变化和社会结构的变革，带来了城市化，改变了人们的思想观念和生活方式，而且改变了教育观念、

---

① 刘献君.论"以学生为中心"[J].高等教育研究，2012，33（8）：1-6.

② 吴亚林.以学生为中心的教育理念解读[J].教育评论，2005（4）：21-23.

教学方式，特别是加速了班级教学制的形成，开始了人才培养的工业化批量生产方式。而我国由于近代以来经历的危机，新中国成立之初在科技发展上整体落后于西方，为了快速培养可以满足工业化需求的人才，带有强烈目的性、知识性的学习迅速演变成经世致用的技术训练，使得我们的学习和教育带有浓厚的培训色彩，难以尽下心力，探求教育教学理念、规律和方法[①]。

（三）现代教育理念更新

近几十年来，教育学的发展以心理学的发展为基础，心理学的长足发展对教育教学理论产生了深刻的影响。其中对以学习者为中心的教学理念影响最为深刻的是人本主义思潮和建构主义思潮。

人本主义是二十世纪六七十年代在西方社会兴起的一种思潮，当时两次世界大战使美国的经济快速发展。经济的繁荣和社会物质生活水平的提高，满足了人的基本生理需要，但也伴随着各种社会矛盾和问题的迅速滋长，使得人们精神空虚、道德堕落，少年犯罪、吸毒和失业率居高不下。此时人类面对的问题转变为人类还不能有效地控制自身，要培养具有善意和负责任的公民。教育已不能满足社会和个人的需要，其首要任务是培养自觉、自立、创造、解决问题、具有个性的公民。人本主义宣称要将教育置于人性的充分发展和培养"完整的人"的价值取向，符合当时的社会需要。[②]

人本主义思想反映在教育上，是"以人性为本位"，即以学习者为中心。其认为教育的对象是人，是活生生的价值创造体。社会文化之所以能延续，主要原因是个人不仅仅是机械地反映外界的刺激，而是能主动创造。美国著名心理学家、人本主义的创始人之一罗杰斯（Rogers）认为，"只有学会如何学习和学会如何适应变化的人，只有意识到没有任何可靠的知识，唯有寻求知识的过程才是可靠的人，才是有教养的人"。在现代社会中，变化是唯一可以作为确立教育目标的依据。"这种变化取决于过程而不取决于静止的知识。"为了实现上述

---

① 刘献君.论"以学生为中心"[J].高等教育研究，2012，33（8）：1-6.
② 黄志成.西方教育思想的轨迹[M].上海：华东师范大学出版社，2008.

目标，罗杰斯主张教育工作的重点应放在受教育者和教育者的态度上，就像心理治疗工作中应该把重点放在患者和治疗者的态度上一样。罗杰斯认为教育者完成自己所设计的教育目标应该做到以下几点：第一，充分信任学习者能够发展自己的潜能；第二，以真诚的态度对待学习者，教师本人应该是情里如一的；第三，注重学习者的个人经验，重视他们的感情和意见；第四，深入理解学习者的内心世界，设身处地地为学习者着想[①]。

而以学习者为中心教育思想的兴盛则是由于建构主义思潮的发展。20世纪80年代后期，建构主义兴起并迅速风靡欧美，它以惊人的速度波及各个学科，尤其对教育学科产生了巨大的冲击。提出建构主义的重要学者之一是瑞士的皮亚杰（Piaget）。皮亚杰坚持从内因与外因相互作用的观点来研究儿童的认知发展。他认为，儿童是在与周围环境相互作用的过程中，逐步建构起关于外部世界的知识，从而使自身认知结构得到发展的。儿童与环境的相互作用涉及两个基本过程："同化"和"顺应"。儿童的认知结构是通过同化与顺应过程逐步建构起来的，并在"平衡—不平衡—新的平衡"循环中不断丰富、提高和发展。在此基础上，人们进一步认识到，知识是社会实践和社会制度的产物，或是相关社会群体互动和协商的结果，人们的观念、意识和文化对社会的建构有着十分重要的作用。在建构主义的基础上，形成了建构主义学习理论，其基本观点是：以学习者为中心，强调学习者对知识的主动探索、主动发现和对所学知识意义的主动建构，同时注意文化环境等因素对学习者发展的影响。以学习者为中心就是建立在建构主义学习理论之上的[②]。

二、以学习者为中心的教学设计理念：原则与基本步骤

传统教学设计是围绕如何"教"而展开的，很少涉及学习者如何"学"的问题，

---

① 满晶，马欣川.罗杰斯"以学生为中心"的教学思想述评［J］.外国教育研究，1993（3）：1–5.

② 刘献君.论"以学生为中心"［J］.高等教育研究，2012，33（8）：1–6.

以至于产生了以忽视"学"为代价的灌输式教学,使学习者处于被动地位,从而影响了学习者创造力的培养。建构主义的兴起引发了教学设计专家之间的争论。这些学者针对建构主义和教学设计的关系问题提出了自己的见解,形成了建构主义教学的九条原则。这些原则支持学习者利用各种机会参与学习、体验,并以此为手段,促使学习者在与他人的互动中建构自己的意义。这九条原则如下。①

任务驱动:设计一项重大任务或一些问题,以支撑学习者所有的学习活动。

环境匹配:在设计学习任务与学习环境时,必须留意任务与环境的复杂性,以便学习者清楚地感知和参与学习活动,并使该环境在活动结束后继续发挥作用。

学习者主体:支持学习者对所有问题都以主体的身份介入,以使全部问题或任务成为学习者自己的问题或任务。

情境创设:注意创设问题情境,以诱发学习者的问题,并利用他们激发学习活动,使学习者迅速投入问题解决的过程。

真实环境:设计一种真实的学习环境,以保证学习者的认知需求与环境对学习者的要求的一致性。

梯度难度:设计具有合理难度的学习环境,以支持并激励学习者去思考。

开放空间:设计开放的学习环境,以鼓励学习者对各种可能的设想进行尝试,反对非此即彼的观点和缺乏选择的环境。

真实任务:设计真实任务,激发学习者完成任务的强烈动机,并真正开发出自己的解决方案并予以实施。

反思改进:在教学设计中,应提供机会并支持学习者同时对学习的内容和课程进行反思。

【想一想】

你当前的教学在多大程度上符合以上原则?请自评一下吧!在符合处

---

① 高文.教学模式论[M].上海:上海教育出版社,2002.

打"√"。

原则	经常这样	已经做到	有尝试过	有计划过	完全没有
任务驱动					
环境匹配					
学习者主体					
情境创设					
真实环境					
梯度难度					
开放空间					
真实任务					
反思改进					

　　总之,以学习者为中心的教学设计强调教师是学习者意义建构的帮助者、促进者。为此,教学设计的内容与步骤包括[1]:分析教学目标—创设情境—设计信息资源—设计学习者自主学习—设计协作学习环境—设计学习效果评价方式。通过以上内容和步骤,增强学习者学习的自主性、积极性和创造性。

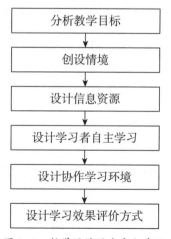

图 3-1　教学设计的内容与步骤

---

① 黄志成.西方教育思想的轨迹[M].上海:华东师范大学出版社,2008.

第三节　经典的教学设计模型

以学习者为中心的理念是教育理论和实践发展的结果。时至今日，教学设计模型一直在发展，流派纷呈，已有成百上千种。那么，教学设计模型是如何随着理念的转变而发展的？应如何看待过往的以教为中心的教学设计模型？

【想一想】

以下是对以教为中心的教学设计模型的几种看法：

A. 以教为中心的教学设计模型已经过时，不应该再在现代教学中使用。

B. 以教为中心的教学设计模型中不乏经典模型，可以为校外教育教学提供借鉴，但还是要以"以学习者为中心"为主导。

C. 要看自己的教学环境适合哪种，如果"以教为中心"的教学设计模型更为合适则应继续使用。

你对以教为中心的教学设计模型的看法是？

_____

_____

一、从第一代教学设计（ID1）到第三代教学设计（ID3）

（一）以教为中心的教学设计：从 ID1 到 ID2[①]

从 20 世纪 60 年代后期开始逐步发展起来的教学设计理论绝大部分都是以

---

① 何克抗.教学设计理论与方法研究评论（上）[J].电化教育研究，1998（2）：3-9.

教为中心，其基本内容是研究如何帮助教师把课备好、教好。经过多年的深入研究与发展，它已形成一套较完整、严密的理论体系，而且可操作性强。其优点是有利于教师主导作用的发挥，有利于按教学目标的要求来组织教学；不足之处是学习者的主动性、积极性往往会受到一定限制，难以充分体现学习者的认知主体作用。

通常认为以教为中心的教学设计理论包括四个组成部分，即系统论、学习理论、教学理论和传播理论。在这四种理论中，唯有学习理论历经行为主义、认知主义和建构主义等不同发展阶段，对教学设计理论发展产生了至关重要的影响。早期的教学设计在学习理论方面基本上是基于斯金纳（Skinner）的操作性条件反射。所谓操作性条件反射是指非已知刺激发出的联结反应（已知刺激所诱发出的联结反应被称为"条件反射"）。在操作条件的作用下，当联结反应被诱发之后，若随即给予强化，即可形成"刺激–反应"联结，这就是行为主义的联结学习理论。由于这种理论强调认识来源于外部刺激，并可通过行为目标检查、控制学习效果，在许多技能性训练或作业操练中又确实有明显的作用，因而在20世纪60年代末和整个70年代，这种学习理论曾风靡一时，对早期教学设计的发展有很大影响。

由于这种学习理论只强调外部刺激而完全忽视学习者内部心理过程的作用，对于较复杂认知过程的解释显得无能为力。因而随着认知主义学习理论的发展，单纯建立在行为主义联结学习理论基础上的教学设计模型逐渐受到批评。在此背景下，教育心理学家加涅吸收行为主义和认知主义两大学习理论的优点，提出一种折中观点，即"联结–认知"学习理论。这种理论主张既要重视外部刺激（条件）与外在的反应（行为），又要重视内部心理过程的作用，即学习的发生要同时依赖外部条件和内部条件，教学就是要通过安排适当的外部条件来影响和促进学习者的内部心理过程，使之达到更理想的学习效果。目前流行的以"教"为中心的教学设计模型中绝大部分都是采用这种折中的学习理论作为其理论基础。

（二）ID1 与 ID2 的划分原则 [①]

如上所述，对于以教为中心的教学设计有第一代（ID1）和第二代（ID2）之分，为了更好地厘清教学设计发展的轨迹，我们需要对 ID1 和 ID2 的划分依据有清楚的认识。20 世纪 80 年代后期，教学设计领域多年来没有新的突破，因而强烈希望开发出新一代的教学设计模型。1990 年，梅瑞尔（Merrill）等人在分析了传统教学设计模型的种种弊端后，首次提出了建构新一代 ID 模型的设想 [②]，并称之为 ID2，把在此之前的其他所有 ID 模型称为 ID1。这是国际上有关 ID 分代的最早提法。令人遗憾的是，尽管梅瑞尔等人历数了 ID1 的各种缺点，却并未涉及学习理论的实质内容。但是梅瑞尔等人的贡献是不可磨灭的，因为是他们第一次提出"要对 ID 模型的发展进行分代"这一重要的理论问题。尽管他们未能给出理想答案，但却促使人们认真去思索、去寻求真正的答案，从而有力地推动了教学设计理论研究的发展。

传统教学设计模型的发展确实经历过两代，而且每一代都有自己的鲜明标志。第一代 ID 模型的主要标志是以行为主义的联结学习（即刺激-反应）作为理论基础；第二代 ID 模型的主要标志则是以加涅的"联结-认知"学习作为理论基础。这是因为只有学习理论在不同 ID 模型中的体现有显著的差异。

（三）以学为中心的教学设计：ID3 [③]

在研究儿童认知发展基础上产生的建构主义，不仅形成了全新的学习理论，也正在形成全新的教学理论。建构主义学习理论和学习环境强调以学习者为中心，不仅要求学习者由外部刺激的被动接受者和知识的灌输对象，转变为信息加工的主体和知识意义的主动建构者，而且要求教师要由知识的传授者、灌输者转

---

① 何克抗. 教学设计理论与方法研究评论（上）[J]. 电化教育研究，1998（2）：3-9.

② Merrill M D, Li Z, Jones M K. Limitations of First Generation Instructional Design [J]. Educational Technology, 1990, 30（1）：7-11.

③ 何克抗. 教学设计理论与方法研究评论（中）[J]. 电化教育研究，1998（3）：19-26.

变为学习者主动建构意义的帮助者、促进者。可见在建构主义学习环境下,教育者和受教育者的地位、作用和传统教学相比已发生很大变化。这就意味着教师应当在教学过程中采用全新的教学模式(彻底摒弃以教师为中心、强调知识传授、把学习者当作知识灌输对象的传统教学模式)、全新的教学方法和全新的教学设计思想。以学为中心的教学设计理论正是顺应建构主义学习环境的上述要求而提出来的,因而建构主义的学习理论很自然地就成为以学为中心的教学设计的理论基础。

在建构主义学习理论的指引下,以学为中心的、能与建构主义学习环境相适应的全新教学设计理论模型,即第三代的教学设计理论模型(ID3),其主要标志就是以建构主义作为理论基础。它与前两代 ID（即 ID1 和 ID2）的主要区别在于:ID1 和 ID2 的理论基础涉及四个方面,即系统论、教学理论、学习理论和传播理论,而 ID3 的理论基础主要是系统论和建构主义理论。这是因为,建构主义本身既包含学习理论也包含教学理论;另外,由于建构主义强调知识是通过学习者主动建构意义获得而不是通过教师向学习者传播信息获得的(教师只对学习者的意义建构过程起促进和帮助作用),因此传播理论在 ID3 中是否还能作为理论基础值得商榷。

总而言之,教学设计自产生以来,主要经历了三个阶段,这三个阶段的指导理念和学习理论见表 3-1 所示。

表 3-1　教学设计模型的三阶段

教学设计阶段	学习理论	指导理念
ID1	行为主义的联结学习	以教为中心的教学设计
ID2	联结-认知学习理论	以教为中心的教学设计
ID3	建构主义的认知理论	以学为中心的教学设计

在 ID1、ID2 时期,也有一些具有代表性的经典教学设计模型,如"肯普模型""史密斯－雷根模型"。下面将按照上述提出的新的分代原则对 ID1 和 ID2 中的代表性模型分别进行剖析。

关键词卡片		
以"教"为中心的教学设计	行为主义	认知主义
联结–认知学习理论		建构主义

二、肯普模型 ①

肯普模型是由肯普（Kemp）在 1997 年提出的，后来又经过多次修改才逐步完善（如图 3-2 所示）②。它是第一代教学设计（ID1）的代表性模型。

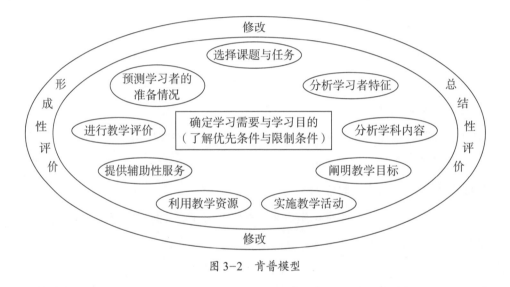

图 3-2　肯普模型

该模型的特点可用三句话概括：在教学设计过程中应强调四个基本要素，须着重解决三个主要问题，要适当安排十个教学环节。

（1）四个基本要素：教学目标、学习特征、教学资源和教学评价。肯普认为，任何教学设计过程都离不开这四个基本要素，由它们即可构成整个教学设计模型的总体框架。

---

① 何克抗.教学设计理论与方法研究评论（上）[J].电化教育研究，1998（2）：3–9.

② Kemp J E. The Instructional Design Process [M]. New York：Harpercollins College Div，1985.

（2）三个主要问题：肯普认为，任何教学设计都是为了解决三个主要问题。即：① 学生必须学习到什么（确定教学目标）；② 为达到预期的目标应如何进行教学（即根据教学目标的分析确定教学内容和教学资源，根据学习者特征分析确定教学起点，并在此基础上确定教学策略、教学方法）；③ 检查和评定预期的教学效果（进行教学评价）。

（3）十个教学环节：① 确定学习需要和学习目的，为此应先了解教学条件（包括优先条件和限制条件）；② 选择课题与任务；③ 分析学习者特征；④ 分析学科内容；⑤ 阐明教学目标；⑥ 实施教学活动；⑦ 利用教学资源；⑧ 提供辅助性服务；⑨ 进行教学评价；⑩ 预测学习者的准备情况。

为了反映各环节之间的相互联系、相互交叉，肯普没有采用直线和箭头这种线性方式来连接各个教学环节，而是采用环形方式来表示教学设计模型。图中把确定学习需要和学习目的置于中心位置，说明这是整个教学设计的出发点和归宿，各环节均应围绕它来进行设计；各环节之间未用有向弧线连接，表示教学设计是很灵活的过程，可以根据实际情况和教师自己的教学风格从任一环节开始，并可按照任意的顺序进行；图中的形成性评价、总结性评价和修改在环形圈内标出，这是为了表明评价与修改应该贯穿在整个教学过程的始终。

由图 3-2 可见，在十个教学环节中有九个环节（即 ①②③④⑤⑦⑧⑨⑩）皆由教师自己完成，另有一个环节 ⑥ 是在教师主讲或起主导作用的前提下由师生共同完成。整个教学过程主要靠教师向学习者传递（灌输）知识，其指导思想就是通过教师来促进和实现"刺激-反应"联结，学习者在学习过程中的主动性、积极性较难发挥。显然，这是一个典型的以教为中心的、以行为主义理论为基础的教学设计模型。

以四个基本要素、三个主要问题和十大教学环节为标志的肯普模型，尽管因为基于行为主义而带来较大的局限性，但是由于它具有较强的实用性和可操作性，加上它允许教师按自己的意愿来安排教学的各个环节，即具有灵活性，所以多年来它在世界范围内产生过较大影响，并成为第一代教学设计模型的代表。

三、史密斯 – 雷根模型 [①]

按照上面确立的"分代原则"并考虑多年来教学设计理论研究方面的进展，ID2 的代表性模型应推"史密斯 – 雷根模型"（见图 3-4）[②]，它是由史密斯（P. L. Smith）和著名的教育技术与教育心理学家雷根（T. J. Ragan）于 1993 年提出，并发表在二人合著的《教学设计》一书中。该模型在 ID1 中有相当影响的"狄克-柯瑞模型" [③]（见图 3-3）的基础上，吸取了加涅注意对学习者内部心理过程进行认知分析的优点，并进一步考虑认知学习理论对教学内容组织的重要影响而发展起来。由于该模型较好地实现了行为主义与认知主义的结合，较充分地体现了"联结-认知"学习理论的基本思想，因此该模型在国际上有较大的影响。

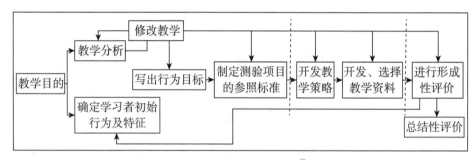

图 3-3　狄克-柯瑞模型 [④]

史密斯 – 雷根模型的主要特点包括以下几方面。

（1）教学分析模块：把"学习者特征分析"和"学习任务分析"（包括"教学目标分析"和"教学内容分析"两部分）都归入"教学分析"模块中，并对这一模块补充了"学习环境分析"框，使"教学分析"模块内容更充实，而且在结构上也显得更为简洁、合理。

①④　何克抗.教学设计理论与方法研究评论（上）[J].电化教育研究, 1998（2）：3-9.

②　Smith P L，Ragan T J. Instructional Design [M].New York：Macmillan Publishing Company, 1993.

③　Dick W，Carey. The Systematic Design of Instruction [M].Northbrook：Scott Foresman, 1985.

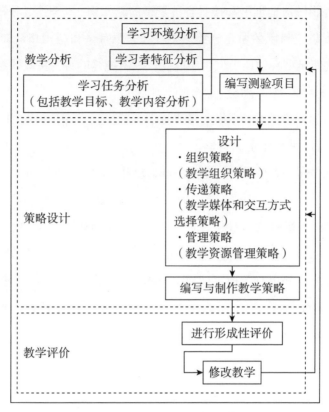

图3-4 史密斯－雷根模型①

（2）策略设计模块：明确指出应设计三类教学策略。

① 教学组织策略。有关教学内容应按何种方式组织、次序应如何排列以及具体教学活动应如何安排的策略。

② 教学内容传递策略。为实现教学内容由教师向学习者的有效传递，应仔细考虑教学媒体的选用和教学的交互方式。传递策略就是有关教学媒体的选择、使用以及学习者如何分组（个别、双人、小组或是班级授课等不同交互方式）的策略。

③ 教学资源管理策略。在上面两种策略已经确定的前提下，如何对教学资源进行计划与分配的策略。

在上述三类策略中，由于教学组织策略涉及认知学习理论的基本内容（为

---

① 何克抗.教学设计理论与方法研究评论（上）[J].电化教育研究，1998（2）：3-9.

了使学习者能最快地理解和接受各种复杂的新知识、新概念，对教学内容的组织和有关策略的制定必须充分考虑学习者的原有认知结构和认知特点），所以这一模块就使模型在性质上发生了改变——由纯粹的行为主义联结学习理论发展为"联结-认知"学习理论。

（3）教学评价模块：不仅把修改教学框置于教学评价模块中，而且是在形成性评价之后，使模型更为科学。

各方框中所涉及的概念，在 ID1 和 ID2 中都基本相同，唯一有差别的是学习者特征分析：在 ID1 中学习者特征分析仅仅考虑学习者的学习基础和知识水平，而在 ID2 中除此之外还应考虑学习者的学习动机、认知策略与认知能力。至于传递策略和管理策略部分，由于仍属于行为主义学习理论范畴——更有效地传递教学内容和更有效地管理教学资源，其目的都是向学习者提供更有效的外部刺激，以便更快、更牢固地建立"刺激-反应"联结，从而达到预期的学习效果——仍属于第一代教学设计所研究的内容。

第四节　教学设计的创新模式

随着第三代教学设计（ID3）的不断发展，涌现出许多新的教学设计模型。下面将对一些具有代表性的模型进行介绍，供校外教育培训师借鉴。

以学习者为中心的教学设计的创新模式		
◇ 5E 教学模型	◇ ADDIE 教学模型	◇ 对分课堂（PAD 模型）
◇ BOPPPS 教学模型	◇ OBE 教学模型	◇ CDIO 教学模型
◇ 情境教学		

【想一想】

你还知道其他的以学为中心的教学设计模型吗?

_____

_____

一、5E 教学模型 [①]

5E 教学模型共分五步,分别是吸引、探究、解释、迁移和评价,因五个步骤的英文单词首字母都是 "E" 而得名。5E 教学模型十分注重教师的教学行为与学习者的学习行为的协调一致。在这两者的行为中,可以十分清楚地看到,学习者是学习的主体,是活动的中心,教师是指导者和帮助者的角色,教师所做的一切,都是为了促进学习者更好地探究而获取科学的概念。

图 3-5　5E 教学模型

该模型有五个教学阶段:吸引、探究、解释、迁移、评价。

(1)吸引。这一环节是 5E 教学模型的起始环节。为吸引学习者对学习任务产生兴趣,激发他们主动进行探究,5E 教学模型一般强调创设问题情境。这里的问题情境应尽量与现实生活(特别是学习者的生活)联系起来,并与课程内容和教学任务联系起来。情境中的问题能够吸引学习者,引起认知冲突,从

---

① 吴成军,张敏.美国生物学 "5E" 教学模式的内涵、实例及其本质特征[J].课程·教材·教法,2010,30(6):108-112.

而激发学习者主动探究、主动建构知识的兴趣。

在这一阶段,教师课前需要了解学习者对即将学习的任务已经形成的前概念,分析原有概念和科学概念之间的差异及其形成差异的原因,然后创设问题情境,通过演示实验或其他常见情境与学习者已知的前概念产生认知冲突,由此激发学习者对学习任务的探究兴趣,产生探究意愿。

(2)探究。探究是 5E 教学模型的中心环节。教师可以根据上一环节产生的认知冲突,引导学习者进行探究。在探究的过程中,学习者是主体,教师的作用是引导和帮助。教师注意观察、倾听,并进行适当的提示和指导,以了解学习者探究的进程和深度,同时避免学习者过快地得出结论。

在这一阶段,需要提供学习者一些必需的背景知识,包括学习材料,如果是实验探究,还必须提供给学习者实验仪器、实验材料、背景知识等。"支架式"支持的力度,取决于学习者的实际状况以及教师对学习者的了解情况。在探究环节中,由于学习者进行了具体的探究活动,所以学习者的前概念(很可能是错误概念)、技能、方法等逐渐被暴露出来,为之后的概念转换和概念界定创造了便利的条件。

(3)解释。解释阶段是 5E 教学模型的关键环节。这一阶段应将学习者的注意力集中在对探究过程和结果的展示上,分析方面给他们提供一个机会表露其对概念的理解,以及技能的掌握或方法的运用,让学习者尝试用自己的理解阐述他们对概念的认知。这一阶段也为教师提供直接介绍概念、过程或方法的机会。教师应该借助课程目标来帮助学习者更加深入地理解新的概念。

解释环节需要一定的逻辑推理,教师应注意鼓励和提醒学习者根据已有的知识经验和上一环节进行探究的过程和结果进行推理。如果推理有困难,教师也可以直接借助学习者的实验过程和结果,并辅以其他的材料和媒介帮助学习者正确地理解概念,特别要注意纠正学习者已有的错误概念。[①]

(4)迁移。在教师的引导下继续发展学习者对概念的理解和应用技巧,扩

---

① 田屹.中国教育技术发展研究[M].合肥:中国科学技术大学出版社,2004.

充概念的基本内涵，并与其他已有概念建立某种联系，同时用新的概念解释新的情境或新的问题。通过实践练习，学习者从中可以加深或拓展对概念的理解，获得更多的信息和技能。

在利用新概念解释新的类似的情境或问题时，要注意引导学习者尽量使用刚学习的专业术语。这样不仅可以对新情境和新问题进行回答，而且可以加深对新概念的理解。

（5）评价。评价的目的在于确保学习者活动的方向或鼓励学习者对研究过程进行反思，同时评价也为教师提供了一个评估自己教学过程和效果的机会。5E 教学模型也提供学习者自我评价的机会，自我评价有助于学习者在一个任务中认知自己的思路、方法和操作技能，也有助于学习者认知自己对探究活动付出的努力程度。

在这一阶段教师和学习者用正式或非正式的方法评价学习者对新知识的理解及应用能力。如果用正式的方法评价，教师可以采用纸笔测验和表现性任务等形式；如果采用非正式评价，教师可以在整个教学过程的任何时候进行。同时也注意提供学习者自我评价的机会。①

【案例研习】

　　我是一名校外科技创新教育的老师，我向小学学段的学生教授通过简易无人机进行空气质量监测的课程，看看我是怎么运用 5E 教学设计模型进行教学的吧！

基于单片机的无人机空气质量监测与分析 ②

★ STEP 1：吸引

我首先设置了导学问题，如"空气污染只源于肉眼可见的大颗粒物吗？"，

---

① 蔡旺庆 . 探究式教学的理论、实践与案例 [M]. 南京：南京大学出版社，2015.
② 阮恩荣 . 基于 STEAM 教育的小学无人机校本课程的设计与实践 [J]. 现代信息科技，2021，5（19）：174-178+182.

然后给学生与大气质量相关的阅读材料。完成阅读后，我通过播放视频创设情景，让学生明白"空气污染不只源于肉眼可见的大颗粒物，直径小于等于2.5微米的颗粒物的浓度也会对空气质量产生重大影响"，由此激发学生的好奇心，让他们产生探究的意愿。

我继续提问："为什么要监测$PM_{2.5}$？有没有相关标准？怎样监测？"学生围绕这个主题进行讨论，组长负责把组员们的主要观点写在讨论区。在学生充分讨论的基础上，我继续带领学生了解$PM_{2.5}$生成来源、指数标准、危害影响等资料。让学生知道我国的$PM_{2.5}$与国际的差距，充分认识到监测$PM_{2.5}$的重要性。引导学生提出制作$PM_{2.5}$监测器，激发学生对工程设计的兴趣。

★ STEP 2：探究

活动伊始，我提出根据制作$PM_{2.5}$监测系统的微视频设计方案，提示学生把要准备的材料和做哪些工作列出来。学生可能列不全，也可能列得不合理，这都没有关系，不合理的地方会在接下来的探索活动中修改。

活动1：学生通过观看微视频，学会使用相关电脑软件，选择主控板，然后小组讨论众多传感器里面应该选哪个。

活动2：连接主控板、扩展板、传感器、电池和显示屏。我会提示学生熟读说明书和示意图。各个小组讨论接法，最后确定接法。我出示图形化编程系统，教学使用方法，让学生在虚拟的环境下验证接法是否正确。

活动3：学生碰到最难掌握的编程。我引导学生思考：怎样让主控板和传感器工作？使用什么软件？在我的指导下，学生完成监测语句并讲解自己的程序。运行监测器检测是否有数据显示，从而验证程序的正确性。最后统一安排在室外监测$PM_{2.5}$浓度。

活动4：我收集全体学生的监测数据并展示，请学生根据数据提出问题。有学生发现监测的$PM_{2.5}$数据有些不同，纷纷产生疑问。我引导学生提问：$PM_{2.5}$监测系统的工作原理是什么？高空中的$PM_{2.5}$浓度会是多少？

★ STEP 3：解释

我接着通过微视频的演示，对$PM_{2.5}$监测系统的工作原理进行补充解释。

然后引导学生思考应该如何监测高空中的 $PM_{2.5}$ 浓度。学生思考讨论：$PM_{2.5}$ 监测系统用什么作为载体？要监测的高度是多少？经过讨论，学生确定使用无人机作为载体，并最后确定要使用动力较大的某品牌的无人机。

★ STEP 4：迁移

活动 1：我预设问题：怎样固定主控板和传感器以及电池盒？采取怎样的措施，避免螺旋桨打到电线、绑绳？学生通过动手操作进行尝试，用了多种线绳去固定都失败了。我及时引导学生思考：为什么会松？能不能锁定？学生通过搜索找到自锁式尼龙扎带。

活动 2：要让扎带不能阻挡无人机自检高度的镜头，有没有其他的扎法？这个活动也非常重要，否则无人机将不能起飞。学生通过不同角度、不同方法多次实践，最终找到最佳方案。

活动 3：放飞与自动监测分析。学生遥控无人机飞上 10 米空中，监测完后降落，显示屏上显示读数。对于一次只测量一个数据，而且高度都是 10 米，学生已经不耐烦了，我马上问学生有什么想法。学生跃跃欲试想测量不同的高度，而且想飞行一次测量多个数值。

活动 4：我提示学生：无人机 10 米的高度是用测量到的气压转换成高度的，其他的高度也是一样的设置，只要增加程序块就可以了。学生打开程序源代码寻找相关的语句做修改，但试飞后发现只得到最后一个数据。小组通过思考讨论，得出的结论是因为显示屏数据不断刷新。

活动 5：由于难度较高，在网络上查找不到相关的解决方案。我及时鼓舞学生并请教专业的技术开发工程师。工程师提出取消显示屏显示改用手机读取数据，并建议在监测系统增加蓝牙模块，使用蓝牙技术读取测量的数据，还教授了如何修改现有的程序。

活动 6：初步完成后，进行测试，成功后正式投入使用，研究 $PM_{2.5}$ 浓度的变化情况。我布置学生调查室外同一地点同一时段 $PM_{2.5}$ 浓度的情况，分 10 次进行，每次监测检测 10 米、20 米、30 米、40 米 4 个数据，得出测试数据，制作折线统计图，并撰写实验报告。[①]

★ STEP 5：评价

我通过提出开放性的问题来评价学生对新知识或方法的认识和应用情况。

问题（1）：如何增加要测量的高度？

问题（2）：监测系统的连线太多，如何设计一个合适美观的盒子收纳装置？

问题（3）：使用蓝牙接收和使用显示屏显示，差别在哪里？

 案例中是怎么应用模型的？哪些方面还可以进行改进？

二、ADDIE 教学模型

系统化的教学设计模型是教学设计理论的抽象化图形描述，以其精简化、可视化、操作性强等特点成为教育、培训领域课程设计与开发的指导性设计模型。体现通用教学设计特征的 ADDIE 教学模型，涵盖了教学设计过程的一系列核心步骤，它将系统化的教学设计分为分析、设计、开发、实施和评价五个步骤，以保证高效地进行教学设计与实施。

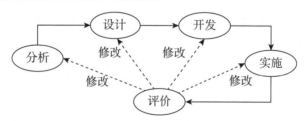

图 3-6 ADDIE 教学模型图

该模型有五个教学阶段：分析、设计、开发、实施、评价。

（1）分析。分析阶段的内容主要包括教学对象分析、教学内容分析以及教学环境分析。教学对象分析主要从学习者的共同特征、已有知识储备、学习风格等方面出发；教学内容是实现教学对象向培养目标确定的能力转变的支撑性材料；教学环境是实现教学活动的主要媒介和载体。

---

① 阮恩荣. 基于 STEAM 教育的小学无人机校本课程的设计与实践［J］. 现代信息科技, 2021, 5（19）：174-178+182.

（2）设计。设计阶段主要包括教学目标与重难点设计、教学媒体选择和教学策略设计、教学过程与教学资源设计、学习评价设计四个方面。教学目标与重难点设计是混合式教学设计的灵魂所在，对后续阶段起着统领作用。教学媒体选择和教学策略设计是为了实现教学目标，选择并确定信息传递的通道以及师生开展教与学活动的组织方式。教学过程与教学资源设计是在教学策略确定之后，围绕学习活动而开展的具体教学过程和资源的设计。

（3）开发。立足分析、设计两个阶段，开发阶段重在选择合适的教材资源，同时制作、开发各种辅助学习资源，以生成具体的教学单元内容。

（4）实施。实施阶段旨在通过借助合适的教学媒体，将虚拟环境的优势和现实环境的优势相结合，开展教学和研讨活动，实现人才培养目标。

（5）评价。评价主要包含形成性评价和总结性评价——形成性评价贯穿于混合式教学设计的各个阶段，通过调查问卷、访谈等方式收集数据，并在后期阶段中对教学设计方案予以不断完善。

【案例研习】

 我是一名校外演讲团建教育的老师，我向学生教授如何设计开场白，看看我是怎么运用 ADDIE 教学设计模型进行教学的吧！

如何进行开场白①

★ STEP 1：分析

知识背景：学生都经历过开场白（可能是语言，也可能是活动），但对不同主题下的开场方式的了解还有所欠缺；技能掌握情况：学生能掌握时下流行的技术手段，对热点问题也有关注度和好奇心，但如何将先进的手段及社会热点融入开场的能力还有待提高。

---

① 杜晓晖. 基于 ADDIE 模型的员工培训课程设计——以"开场白"模块为例［J］. 江西电力职业技术学院学报，2020，33（3）：130–132.

★ STEP 2：设计

1. 教学目标

（1）知识目标：明确开场白的意义；了解开场白的模式和注意事项。

（2）能力目标：根据主题设计适合的开场模式；自主演绎开场白；搜集和加工开场素材。

（3）素养目标：培养开朗积极的性格与协作精神，强化创新意识。

2. 教学重难点

（1）教学重点：常用开场白的三种模式及其注意事项。

（2）教学难点：根据不同的主题设计恰当的开场白。

★ STEP 3：开发

课程具有丰富多样的教学资源的同时，也为学生提供培训素材的搜集渠道及处理方式，提升学生的信息化素养。

（1）教学系统：培训与开发教学软件、极域电子课室。

（2）软件：PowerPoint、Excel、爱剪辑、小影。

（3）多媒体资源：① 网站：问卷星、央视网、凤凰网、爱课程；②App 和小程序：微信平台、团建小程序、公众号、澎湃新闻；③ 视频资源：语言竞技类节目、文化益智类节目、名人讲座、企业培训师公开课。

（4）教学环境：电脑、投影仪、有线宽带、无线上网、视频和音频播放硬件、无线麦克风、翻页笔、摄像机。

（5）培训教具：座签、磁片、移动白板、计时器、扑克牌等。

★ STEP 4：实施

学生自由组建团队，通过微信小程序抽签，分配各团队的代表颜色，增强趣味性，设计并制作各团队名称、座签及标志；表现突出的小组推选组员担任培训助理；各团队自选场所主题，用游戏法准备一段开场白。

（1）游戏式：游戏的命名与道具和培训主题之间都联系得较为紧密，扑克牌因为其体积小，便于携带，同时又能千变万化，既能排列组合成各种形状，又可以作为团队计分的工具，甚至还可以用于一些小魔术，所以经常作为培训中常用的游戏道具。通过该游戏，让学生明白培训游戏的设计必须契合培训主题，要考虑培训对象和场地的适用性，日常生活中也要多观察，寻找合适的培训及游戏道具。

（2）提问式：教师直接演绎某跨年演讲的开场白，以此说明该模式设计时的注意问题，并建议学生利用碎片化的时间，自主选择合适的节目，学习表达的严谨性，从不同角度提高逻辑思维能力。

（3）引用式：①引用名著或影片中的经典片段作为开场白——课堂播放《朗读者》首期节目的开场白，提问学生"引用了哪些经典片段"；②引用名人名言作为开场白——用柏拉图的名言"良好的开端等于成功的一半"作为例子，名人名言大多是经过实践所得出的结论或建议，能达到警世的目的；③引用故事案例作为开场白——故事可以虚构，可以按照培训主题需要进行创编，但案例则必须是真实发生的，有一定代表性，能说明问题；④引用时事热点作为开场白——先推荐时政类网站，然后结合最近热播的电视剧，让各团队思考可以引出什么主题，接着教师从不同角度切入，引申出教育、职场、医疗等领域的培训课程。

以上主要开场白模式的讲解从不同的角度鼓励学生通过多渠道逐步提升信息素养，热爱生活，能够主动从生活实践中不断地查找、探究新信息；培养学生较强的批判性思维和进取精神，鼓励其综合运用各类信息解决问题，发挥创造力对信息进行整合加工。

★ STEP 5：评价

让学生现场扫码填写问卷，根据现场感受进行开场效果评估。

 案例中是怎么应用模型的？哪些方面还可以进行改进？

三、对分课堂（PAD 模型）[①]

对分课堂将课堂教学过程预设为在时间上清晰分离的三个环节：讲授

---

① 陈瑞丰.对分课堂：生成性课堂教学模式探索［J］.上海教育科研，2016（3）：71-74.

（Presentation）、吸收（Assimilation）、讨论（Discussion），教师让出课堂部分时间，交给学习者掌控、主导，形成师生"对分"课堂的格局[①]，使课堂教学过程发生了结构性变革。讲授环节，教师不穷尽教材内容，只需把握基本框架和重难点。吸收环节，学习者根据自己的个人特点和具体情况，课下独立学习，以自己的节奏去完成内化吸收过程，独立完成作业。讨论环节，内化吸收之后，学习者再回到课堂上，进行分组讨论、合作学习，与全班同学和教师进行深入互动交流。

在教学流程上，必须是 P—A—D 的操作顺序，整个教学流程师生分工明确，各司其职。尤其要注意，如果是当堂对分和混合对分，小组讨论前必须有一个独立学习和作业的前设环节，与 A、D 的顺序一致。无论何种对分模式，对分的讨论都是由学习者来主导，主要是小组讨论，小组讨论后可以有全班交流和讨论。在讨论环节，4 人一组是最理想的分组模式。

（1）P 环节。教师对课程内容进行框架性、引导性介绍，对重点、难点进行详细讲解，对学习者在接下来两个环节的"教—学"内容提出要求，为生成留下合适的空间。A、D 作为课堂教学过程的环节，本身就是作为生成的环节来设置的。P 环节实质上是把课程内容分为两个部分：教师和学习者。学习者知道教师讲授的都是精华，而且与自己在 A、D 环节的学习高度相关。所以，在P 环节，学习者会尽可能多地抓住、领会教师的讲授内容，不会开小差、不会犯困、不会走神，认真、投入和全神贯注。从注意力可以集中的时间长短来说，根据心理学规律，与传统课堂讲授相比，对分课堂的讲授时间段大大压缩，也刚好是学习者生理、心理上可以接受的。这样，师生就自然地成为"教—学"共同主体。

（2）A 环节在课外进行。每个学习者都是在自己实际所处的生活环境中进行学习，没有了课堂上的压力，能够从容地按照自己的知识储备情况、思维方式、作息情况安排学习，同时也能够充分调动自己所处环境中的所有有利因素，把它们"诠释""编译"为自己的学习条件和资源，把自己的先有经验和学习方

[①] 张学新. 对分课堂：大学课堂教学改革的新探索［J］. 复旦教育论坛，2014（5）：6.

法同当下关联起来，调动起对当下最有意义的经验和方法，参与到当前的学习中来。

（3）D环节。学习者再次回到课堂上，回顾重要概念，表述个人理解，互相切磋、互相挑战、互相启发、深入理解，共同克服难点，分享案例和体验，开阔视野、展示个性、锻炼合作。从学习者角度来说，从P到A再到D，D是他们自我展示、体验自我实现的环节。对教师来说，在D环节可以看到学习者生命的涌动和成长，体现出创造和生成的魅力。

对分课堂从解决具体问题的角度出发，吸收了传统讲授式课堂、讨论式课堂等多种课堂模式的优点，是中国原创的课堂教学新方法。"对分"的理念在于，契合中国教育正在实现从有学上到上好学，从有质量到高质量的转变，培养具有社会责任感、有创新精神和社会实践能力的"具体个人"，要让学习者主动参与到课堂教学过程中来，成为真正的权责对等的"教—学"主体，改变传统课堂师生间"优秀的演员—醉心的观众"的不对等格局，创造生成性课堂。

【案例研习】

　　我是一名校外德语教育的老师，我向学生教授德语口语，看看我是怎么运用对分课堂进行教学的吧！

德语口语教学

★ STEP 1：讲授

首先我提前将学习内容下发给学生，由学生完成基本语音或语言表达的学习及录音。上课时，我根据学生的预习情况讲解发音方法、技巧，并规范语法等，接着一对一指导发音。

★ STEP 2：吸收

课下学生以小组为单位在软件上进行自主讨论；我会在软件上巡查学生的讨论情况，但不回答讨论时间内学生询问的任何问题；最后，学生以小组为单位提交需要我解决的疑难问题。

★ STEP 3：讨论

我和学生共同分析解答各组问题。随后5分钟模拟测试，同时学生听音辨析打分正音；最后教师一对一评价，并再次正字正音。

 案例中是怎么应用模型的？哪些方面还可以进行改进？

四、BOPPPS教学模型[①]

BOPPPS教学模型的理论依据是认知理论和建构主义，如何使学习者在课堂上最大限度地掌握知识是其关注的重点，因此教学互动和反馈是其突出的特点。

BOPPPS教学模型的内涵：在教学理念上，教师关注的重点应该是学习者"学到了什么"，而不是自己"教了什么"；在教学目标上，必须按照认知规律，设定清晰、具有可检性的目标，便于学习者评估自己掌握知识的程度；在教学方法上，强调参与式教学，力求学习者能在课堂上充分发挥主观能动性，独立思考、创造新思维。

图3-7　BOPPPS教学模型

该模型有六个教学阶段：引入、学习目标、课前摸底、参与式学习、课后测验、总结。该教学模型的六要素在实际应用中并不固定。根据教学经验，实际教学过程受许多不可控因素的影响，很难完全固定按这六个环节开展教学活动。

---

① 魏曙寰，耿俊豹，刘晓威. BOPPPS教学模型的内涵及运用方法探析［J］. 教育教学论坛，2019（1）：198-199.

（1）引入。引入的目的是吸引学习者的注意，促使学习者产生强烈的学习动机和明确的学习目的。引入应该简洁，重点是将本次课的内容和学习者的已有知识或未来可能碰到的问题衔接起来。

（2）学习目标。向学习者清楚表达本节课的学习目标，便于学习者掌握学习的重点。该模式强调教学目标必须具有可操作性，应包含以下内容：明确指出学习者应掌握的知识要点；对于知识掌握的熟练程度必须明确可测；学习后学习者能自我评估是否达到了要求。

（3）课前摸底。课前摸底的目的是掌握学习者的受训能力，学习者知识背景和学习能力的差异不能忽视。如果教学内容远超学习者已有的知识范围，容易使他们产生挫败感，丧失学习兴趣；如果讲授的知识，学习者已经非常清楚，也会使他们感到无趣。

（4）参与式学习。参与式学习是 BOPPPS 教学模型最核心的理念，是培养学习者主动学习的重要手段。参与式学习体现的是以学习者为主体的教学思想。常用的参与式学习组织形式包括分组讨论、角色扮演、动手推算、专题研讨、案例分析等。

（5）课后测验。课后测验是判断学习者的学习效果是否达到预期的重要环节。相对于传统教学模式，BOPPPS 模型强调检测的及时性，即应该在课后或教学过程中及时评估教学效果。根据评估结果，学习者可以及时了解自己对知识的掌握程度，教师可以反思并调整教学设计，使教学目标更易实现。

（6）总结。总结主要是归纳一节课的知识点、厘清知识脉络、引出下次课的内容。与传统的教学模式不同，BOPPPS 模型强调总结应该是学习者自己对知识的归纳。因此，总结过程中，教师主要起引导的作用，由学习者自己总结本次课的知识点和重要内容，评估自己的学习效果。

应用 BOPPPS 教学模型对教师素质有更高的要求，教师不仅理论功底要扎实，还必须具有丰富的实践经验。①

---

① 魏曙寰，耿俊豹，刘晓威 .BOPPPS 教学模型的内涵及运用方法探析［J］.教育教学论坛，2019（1）：2.

【案例研习】

我是一名校外计算机教育的老师，我向学生教授网站设计的课程，看看我是怎么运用 BOPPPS 教学设计模型进行教学的吧！

网站规划 ①

★ STEP 1：引入

网站的形象代表着企业的网上品牌形象，一个网站建设的专业化程度直接影响着企业的网络品牌形象，如果人们在网络上访问该公司的网站，而这个公司的页面看起来效果不是很好，给人的第一印象太差的话，下次就很少有人再来，这样很难与访问者产生信任，所以建设好网站形象是必需的。

★ STEP 2：学习目标

1. 能力目标：① 规划网站结构的能力；② 建立站点与管理站点的能力。

2. 知识目标：① 网页结构知识、网页设计的基本原则、网页版面布局要求；② 文件与文件夹的命名规则、Dreamweaver 工具的工作界面的概念、"文件"面板的使用方法、站点的创建方法、站点的管理方法。

3. 素养目标：色彩感悟能力、结构布局能力、表达能力、创新能力。

★ STEP 3：课前摸底

了解学习者已有的知识与能力：

1. 具备使用电脑和操作 Internet 网络的能力；

2. 具备识读网站总体设计书的能力；

3. 具备利用网页色彩适配器软件获取适合颜色素材的能力。

★ STEP 4：参与式学习

促进学习者主动学习，积极参与教学活动：

1. 理解设计目标、要求和设计成果，搜集素材，制订工作计划；

---

① 田华，郝凤枝，王朋娇. 基于 BOPPPS 模式的有效的教学设计——以《多媒体网页设计》课程为例[J].教育现代化，2017, 4（36）：224-227.

2. 欣赏网上设计成熟优秀的网站/网页，学习其设计优秀之处，激发学习网页设计的兴趣；

3. 分析优秀网页的布局结构、颜色搭配、视觉效果，为制作网页奠定基础；

4. 确定网站名称，规划网站的站点结构，设计网站的整体风格及创意，绘制网站架构图；

5. 分组讨论，学生讲解；

6. 定义站点，创建文件夹和空白页面，设计备注。

★ STEP 5：课后测验

了解学习者的学习成果：

1. 学习者对网页布局结构、颜色搭配、视觉效果的理解；

2. 对建立网站站点的方法的掌握；

3. 网站风格的设计及创意。

★ STEP 6：总结

帮助学习者整理、反思，并延伸应用教学内容：

1. 任务完成情况评价；

2. 学习态度评价；

3. 项目完成情况演示评价；

4. 运用所学知识自定义站点，并绘制网站的架构图。

　案例中是怎么应用模型的？哪些方面还可以进行改进？

五、OBE 教学模型 [1][2]

成果导向教育（Outcomes based education，简称 OBE）是指"清晰地聚焦在组织教育系统，使之围绕确保学习者获得在未来生活中取得实质性成功的经

---

① 王金旭，朱正伟，李茂国. 成果导向：从认证理念到教学模式 [J]. 中国大学教学，2017（6）：77-82.

② 王仲民，乔华英，马永青. 成果导向教育理念对课程教学改革的启示 [J]. 山东高等教育，2019，7（6）：79-84+2.

验"。与知识结构、教师传授为主导的传统教育相反，OBE 强调对学习者预期
学习成果的确定、达成方式以及达成度的评价。

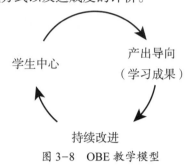

学生中心　　产出导向
　　　　　　（学习成果）

持续改进

图 3-8　OBE 教学模型

OBE 是工程教育专业认证的三大基本理念之一，美国工程与技术教育认
证协会（ABET）也全面接受了 OBE 的理念，并将其贯穿于工程教育认证标准
的始终。成果导向教育理念改变了传统"以知识为主导"的教学理念，以学生
预期能力获得为导向进行反向设计和正向实施教学，将教学的重点聚焦于"学
习者产出"，立足工程教育专业认证大背景，注重学习者创新、实践等能力的
培养。[①]

（1）明确课程学习成果目标。在成果导向教育中，培养目标关注学习者
"能做什么"，毕业要求关注学习者"能有什么"。成果导向教学把学习者的课程
学习进程划分为不同的阶段，并确定每一课程阶段的学习目标。这些学习目标
是从初级到高级，再到课程的最终成果。换句话说，也即具有不同学习能力的
学习者应用不同的时间、通过不同途径和方式，达到同一目标。因此，成果导
向教学设计必须要明确每门课程对毕业要求的哪几条有贡献，然后对这几条毕
业要求逐条确定相应的课程教学内容，再确定所需的课程教学模式。

（2）确定课程学习成果需求。成果导向教育理念深刻反映了从需求开
始，由需求决定课程的教学目标。成果导向教育是"反向设计、正向实施"的
过程，需求既是起点又是终点，进而最大限度地保证了教育目标与结果的一

① 何小刚，顾建伟. 争鸣与革新——新形势下高校思想政治课教学改革研讨会论文集［M］. 上海：上海
社会科学院出版社，2018.

致性,其"正向实施"是从需求开始,由需求决定培养目标,由培养目标决定毕业要求,再由毕业要求决定课程体系,最后到课程环节,完全符合现代教育思想中以人为本的认知规律和特点。

（3）设计取得课程学习成果的过程。课程的建构应更多地采取互动式、研究型教学,引导学习者强化对科学和工程原理的理解与运用,要有充分的分析内容,鼓励学习者"自学",提倡"自主式学习""合作式学习""探究式学习"。课程的实践教学应与理论教学相结合,选择恰当的载体,使学习者经历解决复杂工程问题的过程,并在解决问题的过程中深入掌握工程原理,充分体现知识、技术技能与方法的综合应用。

（4）构建课程学习成果评价体系。成果导向教育理念非常强调"以学论教"的评价原则,即教师"教得如何"要通过学习者"学得如何"来进行评价,其基本思想就是教师"教学生学",教学生"乐学""会学""学会",其中"会学"是核心,引导学习者会"自己学"、会"做中学"、会"思中学"。成果导向的教学评价主要聚焦在学习成果上,而不在于教学内容以及学习时间、学习方式上。教师要掌握并利用多样化的课程教学评价方法,如课堂提问、中期测验、问卷调查、项目设计、作业评阅、调研报告等多样化的评价方式,动态地掌控学习者知识、能力和素质的发展水平。

（5）持续改进保障课程学习成果。建立完善的持续改进机制,首先确定课程的保障质量目标,然后要确定课程培养目标与毕业要求的符合度与达成度,最后是制订课程教学活动的持续改进计划,并通过 PDCA 循环来实现。应注意的是,课程教学的持续改进不能被视为课程教学的某个环节,它是一种贯穿于课程整个教学过程中的运行机制。

【案例研习】

　　我是一名校外自然教育的老师,我向学生教授如何制作一个植物标本,看看我是怎么运用 OBE 教学设计模型进行教学的吧!

植物标本制作①

★ STEP 1：成果目标

教学内容涉及植物形态、植物鉴别、植物标本采集和制作等内容。要求学生掌握植物标本的采集及制作方法，掌握二维码应用等相关知识。学生能够具备学会植物标本的采集和制作的能力，通过自主采集制作植物标本，培养学生的学习兴趣，强化他们的动手能力、观察能力和创新能力。

★ STEP 2：成果需求

教学采取启发式、讨论式、多媒体、案例法、标本展示法等授课形式。以学生为主体、以教师为主导，充分调动学生课堂学习的积极性，利用植物图片、案例、比较归纳等形式将难懂的知识点通俗化，方便学生理解和记忆。同时将人物传记、名人轶事、经典语句引入教学，增加传统文化的渗透，树立正确的人生观、价值观。

★ STEP 3：取得成果的过程

实践教学采取教师现场讲授指导与学生实践相结合。采用现场作品案例讲授教学。教师指导学生进行植物标本制作，学生探究，互助学习，进行实践操作。

★ STEP 4：成果评价

以考核学生能力及培养目标的达成与否为主要目的，以检查学生对各知识点的掌握程度和应用能力为重要内容，突出过程性考核。

评价＝知识点的理解和掌握程度（10%）＋课堂参与度和参与质量（30%）＋学生制作的植物标本作品的独立性、完整性和美观性（60%）。

★ STEP 5：成果改进

将学生制作的植物标本作品剪辑为短视频并发布。

 案例中是怎么应用模型的？哪些方面还可以进行改进？

---

① 陈金铭，庄鹏宇，耿增岩，等.基于OBE理念的药用植物蜡叶标本制作课程设计［J］.科技风，2022（9）：40-42.

六、CDIO 教学模型①

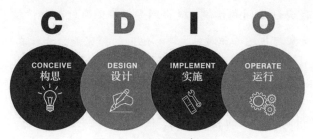

图 3-9　CDIO 教学模型

CDIO 是由 MIT 和瑞典几所大学在 Wallenberg 基金会的资助下，经过几年的研究、探索和实践，于 2004 年创立的。这个教育模式是以产品、过程和系统的构思、设计、实施、运行全生命周期为背景的教育理念为载体，以 CDIO 教学大纲和标准为基础，让学习者以主动的、实践的、课程之间具有有机联系的方式学习和获取工程能力，包括个人的科学和技术知识、终身学习能力、交流和团队工作能力，以及在社会及企业环境下建造产品和系统的能力。

教育应该在实践的环境下进行；学习者应该在一系列给定的知识、能力和态度上达到一定的效果；学习效果是由利益相关者的反馈确定的；以一体化的形式，选用适当的课程计划和教学方法达到预期的学习目标；对学习者和整个专业的目标要进行有效的评估，并将进展反馈给师生，以此作为持续改进的基础。

【案例研习】

我是一名校外机器人教育的老师，我向学生教授如何制作智能交通信号控制器，看看我是怎么运用 CDIO 教学设计模型进行教学的吧！

①　Edward F.Crawley, Johan Malmqvist, Soren Ostlund, 等．重新认识工程教育——国际 CDIO 培养模式与方法［M］．顾佩华，沈民奋，陆小华，译．北京：高等教育出版社，2009.

智能交通信号控制器 [①]

★ STEP 1：构思

本环节，我会创设问题情境、提出问题，学生通过感知情境及策略分析进行领悟，让学生掌握基础知识技能，培养他们的探究能力和计算思维。

（1）教师活动：强调学生在特定问题情境下的分析思维。在智能交通信号控制器案例中，创设主题情境来吸引学生注意力、激发学习动机。通过展示图片或播放视频讲解机器人的相关知识，介绍我们用的元器件彩灯、触碰模块工作原理。教师提供相关的材料，布置相关任务，让学生自主选择进行探究。

（2）学生活动：学生在该阶段要感知主题情境，领会新知识，掌握元器件的功能和原理，明确教师关于项目任务的问题。此环节学生进行问题策略分析，对目标任务进行分解，梳理问题相关步骤，是锻炼计算思维的重要部分。

★ STEP 2：设计

设计问题解决方案环节，我在该阶段主要给学生提供资料、必要时指导帮助，学生以探究学习为主，培养解决问题的能力。

（1）教师活动：教师鼓励学生不断尝试，根据学生的需要进行关键指导。提示一：设计智能交通信号控制器的图纸；提示二：用积木按照图纸搭建机器人主题模型；提示三：编写程序实现功能，并测试效果，鼓励学生发挥空间想象能力。

（2）学生活动：根据探索问题进行协商，构思设计外观，讨论解决方案。充分地发挥小组成员的智慧，通过头脑风暴来构思讨论方案的可行性和最优性。学生填写"学习任务清单"，记录小组探究的情况，包括小组成员分工、机器人模型设计、元器件的选择、编写程序时用到的模块、遇到的问题及解决措施、测试的效果等。

★ STEP 3：实施

开始施工，完成机器人外观搭建。我进行观察引导，提供相应的指导。学

[①] 李修元.基于 CDIO 模式的小学机器人教学探索与研究［J］.信息与电脑（理论版），2020，32（24）：201-203.

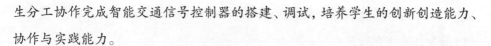

生分工协作完成智能交通信号控制器的搭建、调试，培养学生的创新创造能力、协作与实践能力。

（1）教师活动：观察学生的探究情况，引导学生进行交流互动，给予学生更多的空间探索。

（2）学生活动：确定每个成员的角色并进行分工协作，按照设计者学习任务清单上的图纸，由结构搭建者动手组装搭建，程序调试者编制程序调整设置参数下载到主控器中，调试智能交通信号控制器机器人功能，记录员配合小组成员一起完成任务清单。

★ STEP 4：运行

组织分享、评价学生的作品，对共性问题进行解惑，引导学生对本次教学知识点进行回顾。小组代表分享设计及演示，锻炼学生的语言组织及表达能力。

（1）教师活动：组织学生进行分享，并填写"作品评估表"，对每个小组的结构复杂程度、创意程度、美观程度、功能完善程度进行评估。总结知识点：回顾彩灯、触碰模块的原理和功能，检验编程中程序的选择及相关参数设置是否正确。提出每个小组的优缺点，方便学生对作品进行优化升级。

（2）学生活动：小组代表进行成果展示和分享。分享自己小组的设计方案，其中有部分的小组设计没有实现全部功能，可以介绍出现的问题和原因，供其他小组学习借鉴。

 案例中是怎么应用模型的？哪些方面还可以进行改进？

七、情境教学

情境教育的创始人李吉林老师是中国改革开放后成长起来的儿童教育家，其所建构的情境教育理论体系深受中华民族文化滋养，将古代文论经典"意境说"创造性地应用于教育中。李吉林"情境教育"的四大核心元素为"真、美、情、思"。真：让儿童认识一个真实的世界，让符号学习与多彩生活连接；美：用美的愉悦唤起情感，在熏陶感染中促进儿童主动全面发展；情：用情感生成儿童学习的内驱力，让情感伴随儿童的认知活动；思：想象是创造的萌芽，意境广远，开发儿童潜在智慧。①

【案例研习】

我是一名儿童音乐教育的老师，看看我是怎么开展情境教学的吧！

儿童音乐教育②

我归纳了音乐情境创设的几种方法：

（1）生活展示情境

学《摇篮曲》的时候，模拟小朋友晚上睡觉时的情境，将教室的窗帘拉上，电灯关掉，用多媒体展示一幅一个有月亮的安静的晚上，鸟儿栖息在枝头已经进入梦乡。这时候我播放乐曲，学生马上会进入情境，进而感受音乐。

（2）实物展示情景

学乐曲《荡秋千》时，我会把学生带到秋千旁，让学生一边玩一边体验，然后再学习乐曲，体会乐曲的节奏和旋律特点是否模仿了荡秋千时上下来回的感觉。学生有了切实体验后再来学习《荡秋千》，一定会比较容易地理解乐曲的节奏和旋律特点。

（3）图画再现情境

学习《柳树姑娘》时，我会用多媒体展示一幅柳树的图画，也可以在课前让学生在黑板上画好或者事先准备好剪贴画。有了具体的柳树原型，再来学习这首曲子，乐曲描绘的柳树就具体可感了。

（4）表演体会情境

在学习《洪湖水浪打浪》这首乐曲时，我先给学生播放《洪湖赤卫队》的片

---

① 李吉林.“意境说”导引，建构儿童情境学习范式［J］.课程·教材·教法，2017，37（4）：4-7+41.

② 王尚.中小学音乐情境教学初探［J］.福建论坛（人文社会科学版），2012（S1）：33-34.

段，并准备好剧情的详细介绍和人物形象介绍，让学生在表演的过程中体会女主角韩英带领队伍打了胜仗后，在看到自己家乡洪湖的美丽景象时，放声歌唱，抒发对家乡的热爱之情。

（5）语言描绘情境

不论使用哪种创设情境的方法，教师充满激情的、富有启发性的语言都是必不可少的。图画和实物虽然是直观的，但是要运用它们创设一种情境，必须要有教师的语言描述，引起学生的注意，引领学生感受情境中的美，体验情境中的"情"。[1]

 案例中是怎么应用的？哪些方面还可以进行改进？

第五节　教学设计模式的选择

前面学习了从第一代教学设计（ID1）到第三代教学设计（ID3）具有代表性的教学设计模式，但校外教育的教师应如何从这些教学设计模式中选择合适的教学设计呢？

【想一想】

以下是几位校外教育教师当前的教学模式：

A. 我是校外西班牙语教育的老师，我只要学生记住单词，会用单词遣词造句就好，所以我的教学以记忆、背诵为主。

B. 我是校外篮球教学的老师，我的上课就是以篮球练习为主，技巧传授为辅，要想打好篮球就是要多练。

---

[1]　李吉林.情境教育的诗篇［M］.北京：高等教育出版社，2004.

C. 我是校外科学实验的老师，我会在课上安排学生进行探究活动，但主要还是我亲自演示。

你当前采用的是哪种或哪些教学模式？

_____

_____

一、教学设计模式的选择原则

教学模式是联系理论与实践的中介。任何一种教学模式都是一定的教学思想在教学过程中的反映，是某种教学思想的简约化表达形式，能够使教学思想具体化。同时教学模式又来源于教学实践，是教学经验的概括化。教学模式与教学实践有着十分密切的联系。校外教育作为学校教育的延伸和补充，其实践同样应受学校教育经验的指导。

但校外教育的情境与学校教育又有着极大的不同，学校教育大多是学科教育，而校外教育则范围更广，包含体育教育、艺术教育、素质教育等。不是建立在教学实践基础上的教学模式就不可能有效地指导教学实践，所以校外教育的教师需要根据自身所授内容，对当前的教学设计模式进行选择与改造，才可能取得更大的价值。在进行教学设计模式的选择时，应注意以下几个原则。

（1）以学习者为中心。明确以学习者为中心，这一点对于教学设计有至关重要的指导意义，因为从以学习者为中心出发还是从以教师为中心出发将得到两种全然不同的设计结果。至于如何体现以学习者为中心，可从三个方面努力：① 要在学习过程中充分发挥学习者的主动性，要体现学习者的首创精神；② 要让学习者有多种机会在不同情境下应用他们所学的知识（将知识外化）；③ 要让学习者能根据自身行动的反馈信息来完成对客观事实的认识和解决实际问题的方案（实现自我反馈）。以上三点，即发挥首创精神、将知识外化和实现自我反馈，可以说是体现以学习者为中心的三个要素。[1]

---

[1] 何克抗.教学设计理论与方法研究评论（中）[J].电化教育研究，1998（3）：19-26.

（2）与现实生活做联结。学习不单是先获得一套知识技能，然后在有关的实践情境中拿出来应用，而且学习者还需要通过参与正在进行的社会实践，学会如何在该实践环境中做出合理有效的行动，并在行动中不断反思，丰富自己的知识，改进自己的实践活动方式。学习者首先需要面临某种实际的疑难情境，他们通过反省性思维来分析、思考问题，提出可能的解决方案，运用理智对各种假设进行推敲，用行动进行实际检验。这种探索活动最主要的收益不在于问题解决本身，而在于发现问题中所隐含的各种关系以及对问题情境的某些侧面的更深的理解。[①]

（3）以活动为主要组织形式。知识是问题解决活动的结果，活动是学习的载体。实践共同体的新成员通过对共同体实践活动的"合法边缘参与"而逐渐地承袭老成员的知识经验，自身也体现遵守该实践共同体的基本实践规则，甚至在一定程度上超越老成员，在此过程中，新成员的身份也会逐渐发生变化：从边缘角色逐渐变为中心角色[②]。

（4）符合学习者的生理、心理特点。不同年龄层次的学习者的理智结构和道德结构不相同，每一阶段都有一种相对稳定的认知结构来决定学习者的行为，能说明该阶段学习者的主要行为模式，教育则要适合这种认知结构或智力结构。因而教育方法要按照学习者的心理结构以及发展的各个阶段，用可以被不同年龄的所能吸收的形式教给学习者[③]。

二、教学设计模式的选择方法

前面说到了选择教学设计模型的原则，那么我们校外教育的教师从理论域的方法到实践域的应用还需要更为底层的操作性方法。从操作流程上看，分为以下几步：领会教学模型特点；清楚认识学科类型；清楚了解学习者特点；深度

---

①② 张建伟，孙燕青. 从"做中学"到建构主义——探究学习的理论轨迹［J］. 教育理论与实践，2006（7）：35-39.

③ 刘长城，张向东. 皮亚杰儿童认知发展理论及对当代教育的启示［J］. 当代教育科学，2003（1）：45-46.

了解教学目的；教学模型需求匹配；个性化改造教学设计。

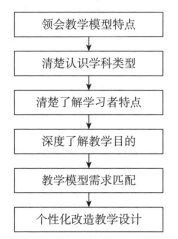

图 3-10　教学设计模式选择的操作性方法

【想一想】

请你选择最适合自己的创新型教学设计，在选项前打"√"。

□ 5E 教学模型	□ ADDIE 教学模型
□ 对分课堂（PAD 模型）	□ BOPPPS 教学模型
□ OBE 教学模型	□ CDIO 教学模型

【本章互动】

当前你已经学习了以学习者为中心的教学设计方法，请根据自己所要教授的课程类型，选取合适的教学设计模型，进行一次教学设计。

第四章

教 学 实 施

　　教学实施是实现教学目标的中心阶段，在社会培训过程中，按照教师的操作步骤，可以将教学实施分为教学准备、有效互动、课堂管理以及个性化指导四个方面。在本章的学习中，首先将逐一介绍教学准备的步骤及方法，帮助培训师有计划地开展教学准备工作。其次，围绕互动教学的概念及类型，以及课堂互动的原则、策略及方法，从理论与技术层面剖析课堂互动的重点和难点。再次，围绕什么是有效的课堂管理、如何开展有效的课堂管理两个问题，介绍有效课堂管理的内容和方法。最后，共同探讨学生存在的个体差异及如何进行因材施教等问题。

本章框架

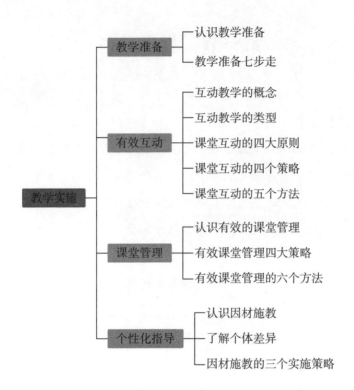

第一节　教学准备

【想一想】

在开始本节内容学习之前，请回忆一下，在日常教学实施过程中，你都会进行哪些教学准备。请根据你的经验进行选择并将序号写在方框中。

☐ 分析教学内容　　　☐ 制作教学 PPT

☐ 了解学生情况　　　☐ 创设教学环境

☐ 准备教具　　　　　☐ 设计课堂问题

☐ 撰写教案　　　　　☐ 预设突发情况

☐ 其他:_____

接下来就让我们一起走进教学准备，梳理教学准备的基本步骤。

一、认识教学准备

教师教学行为是教师行为谱系中的重要构件，它是指教师在给学习者传授知识、促进学习者发展的过程中对教学准备、课堂授课、课后效果检验等一系列观念与能力的外在显现。从教学过程的环节上看，教师教育行为包括教学准备行为、课堂教学实施行为和课后教学反思与评价行为三部分。[①]

教师教学准备行为是教师在课堂授课之前对教学内容、教学方法等多方面预期准备的行为过程。张天雪从行为观察、教师专业标准制订和教学评价的角

---

① 张天雪，李娜.教师教学准备行为评价指标体系的建构［J］.当代教育科学，2011（1）：19-21.

度,通过统计测量、权重计算最终构建出"教师教学准备行为评价指标体系",具体见图4-1。

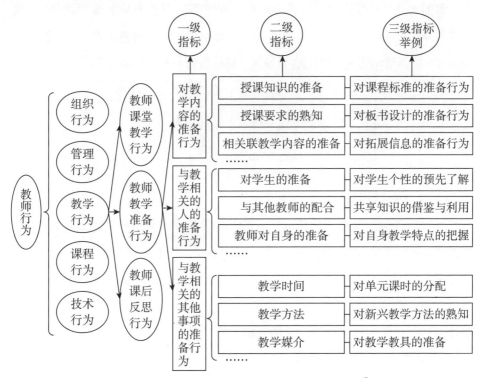

图4-1 教师行为图谱及教学准备行为指标框架[①]

该行为评价指标体系通过对教学准备行为的研究线索从主客体的角度出发,将教学准备行为划分为对教学内容的准备、与教学相关的人的准备、与教学相关的其他事项的准备三个维度。其中,对教学内容的准备行为又包括了对授课知识的准备、对课程标准及课程大纲的熟知、对拓展性情境知识的准备等;与教学相关的人的准备又包括对学生的准备、与集体备课组中其他教师的配合、对自身的准备、对教学评价人员的准备;与教学相关的其他事项的准备又包括教学时间、教学方法、教学媒介、教学方式几个方面。在此基础上,每个方面又包含若干个内容指标,即教师教学准备行为的三级指标。

---

① 张天雪,李娜.教师教学准备行为评价指标体系的建构[J].教育理论与实践,2011,31(16):32-35.

二、教学准备七步走

参照上述"教师教学准备行为评价指标体系",结合具体教育教学经验,可以将教学准备分为以下七个基本步骤:了解培训对象、确定培训时间、明确培训内容、选择培训方法、选定培训场所、制作培训材料、调整自身状态。

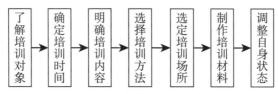

图 4-2　教学准备七步走

(一)了解培训对象

了解培训对象又称为学情分析,是研究学习者的实际需要、能力水平和认知倾向,从而为学习者设计教学,优化教学过程,更有效地达成教学目标,提高学习者的学习效率。学情涉及的内容非常广泛,各方面情况都有可能影响学习者的学习。培训师可以以学习者的生理和心理特点、已有的认知基础和经验、个体差异等角度为切入点进行学情分析。[1]

1. 学情分析内容

(1)学习者的生理、心理特点分析

学习者在身心发展、成长过程中,其情绪、情感、思维、意志、能力及性格可能还不稳定和成熟,具有一定的可塑性和易变性。通过分析了解他们当时的生理心理与学习该内容是否相匹配及可能产生的知识误区,充分预见可能存在的问题,对教学内容进行有针对性的分析,使教学工作具有较强的预见性、针对性和功效性。

具体地说,对所在年龄阶段的学习者,看他们善于形象思维还是抽象思维、乐于发言还是羞涩保守、喜欢跟教师合作还是抵触教师,不同年龄学习者注意的深度、广度和持久性也不同。这些特点可以通过学习一些发展心理学的简单知识来分析,也可以凭借经验和观察来灵活把握。不同年龄学习者感兴趣的话

---

① 于鹏.卫生监督系统人才队伍建设存在的问题及对策研究[J].进展:科学视界,2021(5):2.

题也不同，培训师一方面要尽量结合学习者的兴趣开展教学，又要适当引导，不能一味迁就学习者的不良兴趣。

（2）对学习者已有认知基础和经验的分析

分析学习者学习该内容时所具备的与该内容相联系的知识、技能、方法、能力等，以确定新课的起点，做好承上启下、新旧知识有机衔接。针对本节课、本单元或本课程的教学内容，确定学习者需要掌握哪些知识、具备哪些生活经验，然后分析学习者是否具备这些知识和经验。

可以通过单元测验、摸底考查、问卷等较为正式的方式，也可以采取抽查或提问等非正式的方式对学习者的已有认知基础和经验进行分析。如果发现学习者的知识经验不足，一方面可以采取必要的补救措施，另一方面可以适当调整教学难度和教学方法。

（3）分析学习者的个体差异

分析学习者的个体差异，即对学习者的学习能力和学习风格进行分析。分析不同班级和不同学习者理解掌握新知识的能力如何、学习新的操作技能的能力如何。据此设计教学任务的深度、难度和广度。

不同学习者的学习习惯、学习兴趣、知识基础、学习能力、智力因素和非智力因素等可能存在较大的个体差异。经验丰富、能力较强的培训师还可以进一步分析学习能力突出和学习能力较弱的学习者，因材施教，采取变通灵活的教学策略。

培训师还要对班级的学习风格进行分析。一个班级的学习者在一起时间长了会形成"班级性格"。有些班级思维活跃、反应迅速，但往往思维深度不够、准确性稍微欠缺；有些班级则较为沉闷，但可能具有一定的思维深度。培训师应该结合教学经验和课堂观察，敏锐捕捉相关信息，通过提出具有挑战性的问题和合作任务等方式尽量"取学习者之长、补其之短"。[①]

2. 学情分析方法

在进行学情分析时应掌握正确的方式方法，社会培训中常见的学情分析方

---

① 于海.全面课堂管理——创建一个共同的班集体［M］.呼和浩特：远方出版社，2005.

法有以下几种。

（1）自然观察法

研究者在自然条件下对个体的言谈举止和表情等进行有目的、有计划的观察，以了解其心理活动。它的种类很多：从观察形式来分，可分为直接观察和间接观察；从观察时间来分，可分为长期观察和定期观察；从观察内容来分，可分为全面观察和重点观察。观察法较方便易行，所得结果较真实。

（2）书面材料法

书面材料主要有两类。一类是现有资料，一类是诊断性资料。现有资料包括：学习者填写的各种档案资料，如学习者的学习成果、作品等；能客观反映学习者个体和集体的资料，如成绩单、操行评语等。诊断性资料指教育者根据某一教育目的，适时地提出某些专题性作业，如命题作文、读书笔记等。通过书面材料间接了解学习者时，要特别注意材料的真实性与可信度。

（3）谈话法

谈话法是通过教师和学习者相互交谈的活动来了解学习者情况的方法。这种方法具有直接交流的特点，方便掌握第一手资料，在操作时应注意拓展范围，以便能更全面和客观。

（4）调查研究法

调查法是深入了解学习者的重要方法。调查前要根据调查的内容和问题列出调查提纲，考虑好调查的具体步骤和方法，确定调查的重点对象。调查时要热情周到，边听边记下某些重要的内容，调查后要对了解到的内容进行适当整理，这可以为学习者做比较分析提供宝贵材料。

（5）测验法

测验法适用于收集学习者的知识水平、能力情况等学习信息。根据教学需要，设计相应的练习题或试卷，规定在特定的时间内作答，教师根据学习者的答题情况，收集相关信息，为评价学习者的学习水平提供依据。①

---

① 薛晓阳，蔡澄，申卫革．教育原理与策略［M］．2版．镇江：江苏大学出版社，2016．

表4-1 不同学情分析方法的优缺点

学情分析方法	优点	缺点
自然观察法	便于开展,结果较为真实	受观察者主观影响较大
书面材料法	结果较为客观,标准统一,耗时较短	材料真实性需要鉴别,材料搜集难度较大
谈话法	可深入了解学习者,结果较为真实	受观察者主观影响较大,耗时较长
调查研究法	适用于个别学习者情况分析,了解全面深入	耗时长,难度大,无法大范围开展
测验法	标准统一,便于开展,耗时较短	对学习者个体了解不深入、不全面

每种分析方法都有一定的优缺点,培训师可以结合具体情况,选用多种方法进行组合,展开学情分析。

（二）确定培训时间

对培训时间的准备包括:对培训开展时间的确定、对主题培训中各课时的分配,以及对本节课基本教学环节的时间分配等内容。不论是对培训整体教学的规划,还是对课堂教学环节的时间分配,都是教师在教学准备过程中所需完成的事情,这有助于教学工作有条不紊地开展。

首先,对于培训时间的确定。培训时间确定时应遵循两个基本原则:一是不影响学习者的正常工作、学习、休息,保障学习者有充沛的精力投入到培训学习中;二是确保培训效率最高,即培训应选择在学习者需求最为迫切的时间段,或结合当下时事热点,从而提高学习者的学习积极性,保障培训效率。

其次,对于单元课时的分配。单元课时分配过程中,应综合考虑本单元教学内容,系统梳理本单元教学重难点,对重点教学内容、学生难以掌握的内容以及学生掌握情况不好的内容,应适当多安排一些课时。同时,也可适当安排2—3节复习课,帮助学习者系统梳理。

最后,对于本节课基本环节的时间分配。根据教学内容及教学方式的设计，培训师应在课前对本节课的基本环节所需时间有一定的预设。时间分配过程中应考虑每个环节的内容及作用，如导入环节一般情况下应在 3 分钟以内完成，对于突破重难点的教学环节应适当延长时间。同时，也应考虑预留出教学反思及作业批改辅导的时间。

（三）明确培训内容

在了解学习者的基础上，培训师可以结合培训目的展开培训内容的设计。培训内容设计不仅包括对授课内容的设计与准备，同时包括对相关联教学内容的准备。

1. 对授课内容的准备

培训师对授课内容的准备主要包括：能形成知识体系框架，重点突出、难点分散；对课程标准、课程大纲的准备；对教材、教参的准备。培训师只有在课前对教学内容的逻辑体系做到心中有数，对教学重难点有具体突破方法，对教学材料十分熟悉，才能够进一步进行教学设计的展开以及教学的实施。[①]

首先，在单一课时教学准备过程中，培训师应首先了解该教学内容在学习者整体知识体系中的地位，在此基础上进行系统性的教学设计，并且注重对教学重难点的把握，帮助学习者在课堂上更好地建立知识链接，完善知识体系。

其次，对课程标准、课程大纲、教学基本要求等标准文件的研读也是课前必要的一环，课程标准等文件对学习者学习结果和行为的描述是可理解、可达到、可评估的，能够帮助培训师明确教学目标。

最后，对于教材、教参等教学材料培训师也应仔细研究，教材阅读过程中可以注意引导学习者开展课堂笔记的记录和整理，教参阅读的过程中应注意细节提示，根据建议提示完善教学设计。

2. 对授课活动的熟知

对授课活动的熟知包括：对本节课教学步骤的设计、对课堂突发问题的准备、对板书设计的准备、对作业布置的准备等。培训师在教学准备过程中应对

---

① 张天雪．中小学教师行为评价指标体系的建构［M］．北京：中国社会科学出版社，2016.

教学的基本环节及潜在突发情况做好充好准备及预案，才能在课堂教学过程中游刃有余，最大化发挥课前准备的效用。

首先，培训师需要对本节课的教学设计有一定的熟悉度，对每个教学环节的主要内容及预期目标有明确的认知，同时对于环节与环节间的切换方式也应做好设计，让学习者在学习的过程中能够跟上节奏，同时厘清本节课的知识点层次及学习思路。

其次，对于课堂可能的突发问题及解决方案培训师也应有一定的预设，如实验课中的操作失误可能造成的危险、课堂中学习者可能出现的发散性提问、电子课件或实验器具突然无法正常使用等情况，培训师在课前都应有一定的预案。

再次，对于课堂教学过程中的板书书写也应有一定的设计和准备。板书设计不仅应考虑到内容的全面性，还应考虑内容间的逻辑性，以及版面设计的有序性及可读性。同时，教学准备过程中需要预设板书书写的时间点，保证板书能够准确、及时、全面地向学习者传递本节课的知识重点与思维关联。

最后，应考虑到本节课所学内容以及学习者的实际情况合理进行作业布置。可以通过分层作业、拓展作业的布置，在保障作业设计面向全体学习者的前提下，帮助学习者进行个性化的提升。作业设计时应考虑并挖掘长周期作业的可行性，建议通过活动单、导学单等方式为学习者搭建思维脚手架。

3. 对相关联教学内容的准备

对相关联教学内容的准备包括：对各节课之间衔接的准备、对所授知识蕴含德育内容的准备、对教学与学习者经验相联系的准备、对本节课拓展性信息的准备等内容。教学是一个系统性工程，开展主题教学的过程中，培训师不仅要对本节课的学科本体知识有一定的掌握，对本学科本节课相关的外延内容也应有所涉及，从而在学科教学中促进学习者的全面发展。[①]

首先，在教学准备过程中应充分考虑课程衔接问题。如何在本节课教学过程中引导学习者回顾前期所学内容，帮助学习者建立知识链接，如何为后续教

---

① 张玉琴 . 思想品德课堂教学要传授中华传统美德 [J] . 黑河教育, 2016（2）: 63-64.

学工作打下基础等问题，都是培训师在教学准备过程中应考虑的因素。

其次，教学准备阶段应深入挖掘德育连接点，在教学中促进学习者的德育发展。德国教育家赫尔巴特曾经说过："教学如果没有进行道德教育，只是一种没有目的的手段，道德教育如果没有教学，就是一种失去了手段的目的。"教学设计中要引导学习者把知识内容及其承载的思想同时转化为自身内容，让学习者在不知不觉中接受思想的熏陶。

再次，应注重与学习者学习生活经验相联系的情景素材、生活案例的搜集整理。培训师在日常教学过程中就应有意识地搜集相关的生活素材，并在教学准备阶段进行合理的生活素材抽象化，让学习者感受到所学内容和自身是相关的，从而激发学习者的学习兴趣。

最后，拓展性信息的准备，如前后学段知识进阶过程、课堂教学内容相关知识等。培训师至少要有一桶水才能给学习者一杯水，因此在教学设计过程中，培训师应尽可能搜集拓展性信息，寻找帮助学习者理解的最优解，课堂教学中做到深入浅出。

（四）选择培训方法

对教学方法的准备包括：不同课程内容准备不同教学方法、对发现和探究等新兴教学方法的熟知、对启发式教学方法运用的设计、对讲授和讨论等传统教学方法的设计等内容。教学方法的适当选择能够让教学达到事半功倍的效果，因此培训师应对传统教学方法及新兴教学方法都有一定的了解。[①]

首先，在教学准备过程中应根据不同课程内容准备不同教学方法。教学目标选择的过程应考虑多种因素。根据教学目标选择教学方法，要使学习者掌握新识记型的概念，常用讲授法、谈话法；而如果要让学习者了解感性知识，则常用演示法、参观法等。教学内容不同，选择的教学方法也会不同，文科学科常常采用讲授法，理科学科常用讲解与演示相结合的方法，艺术类学科多用练习法等。培训师在选择教学方法时也应考虑教学对象、教学环境及自身特色等因素。

---

① 张仁贤.教师四项基本技能修炼［M］.北京：世界知识出版社，2017.

其次，对新兴教学方法应有一定的了解。探究式教学是指学习者在学习过程中，教师只提供情境或问题，让学习者自己通过阅读、观察、实验、思考、讨论、听讲等途径去主动探究，自行发现并掌握知识的一种方法。启发式教学指教师在教学过程中根据教学任务和学习的客观规律，从学习者的实际出发，采用多种方式，以启发学习者的思维为核心，调动学习者的学习主动性和积极性，促使他们生动活泼地学习的一种教学指导思想。

最后，对于传统教学方法也应适当应用。讲授法是指教师通过口头语言向学习者描绘情境、叙述事实、解释概念、论证原理和阐明规律的教学方法。讨论法是指学习者在教师的指导下为解决某个问题而进行探讨、辨明是非真伪，以获取知识的方法。

社会培训常用的培训方法包括课堂讲授法、演示操作法、多媒体教学法、小组讨论法、案例研究法、角色扮演法、游戏训练法、探究教学法等[①]，培训师可以针对不同的培训对象，选用不同的培训方法。不同培训方法所达到的培训效果见表 4-2 所示。

表 4-2　不同培训方法所达到的培训效果

目标 方法	让学习者 获得知识	让学习者 改变态度	提高学习 者问题解 决能力	提高学习 者人际关 系处理 能力	提高学习 者接受 能力	提高学习 者记忆 能力
课堂讲授法	★★★	★	★★	★	★	★★★★
演示操作法	★★★	★	★★	★★	★	★★★★
多媒体教学法	★★	★★	★	★★	★★	★★
小组讨论法	★★★★	★★★	★★	★★	★★	★★★
案例研究法	★★	★★	★★★★	★★	★★★★	★★
角色扮演法	★★★	★★★	★★★	★★★★	★★★	★★
游戏训练法	★★	★★	★★★	★★★	★★★	★
探究教学法	★★★	★★★★	★★★★	★★★★	★★★	★★

---

① 课思课程中心.培训运营体系设计全案［M］.2 版.北京：人民邮电出版社，2018.

培训方法可以参考培训内容进行选择。常见的培训内容包括知识培训、技能培训和态度培训三种，依据培训内容可选择的培训方法见表4-3所示。

表4-3　依据培训内容可选择的培训方法

培训内容类型		可选择的培训方法
知识培训	涉及理论和原理、概念和术语、产品和服务、规章制度等的介绍，通过知识培训有助于工作的开展并扩大知识面	课堂讲授、小组讨论、多媒体教学、案例研究等方法
技能培训	涉及生产与服务的实际作业和操作能力。这类培训要求学员自己动手实践，及时发现存在的不正确或不规范的做法，方便及时更正	演示操作、角色扮演、案例研究、多媒体教学等方法
态度培训	涉及观念和意识的改变，以及言行和心态的改变。使学员尽快适应新的感受，减少个人心理障碍和恐惧，鼓励创新工作方法	角色扮演、小组讨论、案例分析、游戏训练、多媒体教学等方法

（五）选定培训场所[①]

培训场所是学习者进行学习的地方，培训场所的布置对培训效果具有重要的影响。培训师在布置培训场所时，应考虑以下七个方面的因素。

（1）培训场所应该能够容纳全部学习者和相关设施。

（2）拥有书写和摆放培训资料的专门区域。

（3）培训讲师工作场内应能够放置教学材料和有关器材。

（4）培训场所能够在培训周期内连续使用。

（5）具备相关的配套设施，如休息室和卫生间。

（6）具有温控装置，能自由调节室温，还要有独立控制的通风设备及适度的照明。

（7）座位的摆放能够符合培训要求。

（六）制作培训材料

确定培训内容与培训方法后，培训师应着手制作培训材料。培训材料主要

---

① 课思课程中心.培训课程开发实务手册［M］.3版.北京：人民邮电出版社，2017.

包括培训前所使用到的培训议程安排、培训通知等材料，以及授课过程中所使用到的各类教学媒介。培训材料在制作的过程中应整体遵循文字简洁、清晰易懂的原则，具体要求如下。

1. 制作培训通知

确定好培训时间后，培训师或培训部工作人员须对学习者的培训日程做好安排，并且将其做成正式文件发放给学习者，发布培训时间、内容等信息。培训通知应包含标题、培训内容、培训对象、落款与日期等内容。

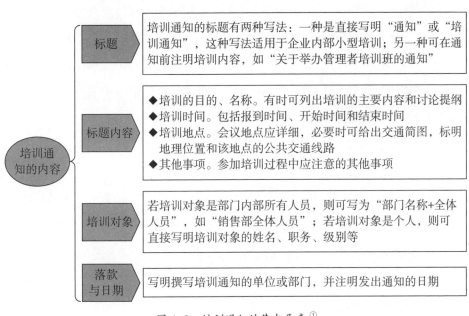

图 4-3　培训通知的基本要素 [①]

2. 编写授课资料

对授课资料的准备包括对教学教具的准备、对多媒体辅助教学的准备、对学习者辅助学习资料的准备等内容。合理的教学媒介准备有着重要作用，可以提高课堂效率，帮助学习者形象理解抽象化内容，为学习者提供思考支架等。因此，培训师课前应对教学媒介有充分的准备。

---

① 韩伟静，滕晓丽．培训运营体系设计全案［M］．北京：人民邮电出版社，2014.

首先，教学教具的准备。教具的准备应结合科目特色及教学内容。教具的设计、制作，主要考虑能否正确地揭示知识的本质，能否有效地说明问题。培训师应尽可能采用简单易制或现成的实物做教具，以达到省时、多用、效果好的目的。教具只有在课堂中充分发挥作用才能算作完美的呈现，如果教具的使用处理得恰到好处，即使是很简单的教具，也会让执教者智慧的火花成为课堂中的亮点。

其次，多媒体辅助教学的准备。多媒体辅助教学作为一种现代化的教学手段，发挥着传统教学难以达到的教学效果。制作多媒体课件要求教师根据教学大纲，明确教学目的和教材重点难点进行设计。对于多媒体课件中大量字、声、图片和影像等细节的设计也应倍加注意。同时，教师应对多媒体课件的内容及播放时间有充分了解，从而引导学习者在多媒体创设的情景中通过人机交互及教师的参与组织，使自身的多方面能力和个性得到发展。

最后，学习者辅助学习资料的准备。学习者辅助学习资料一般指活动单或任务单。活动单设计过程中应遵循以下原则。[①]

（1）目标导向性原则。学习任务单给予学习者的预习工作必要的目标导向作用，让学习者的预习有明确的目标，而不是任学习者停留在内容的表层。

（2）开放性原则。不仅包括学习任务单内容的开放，还包括任务单形式的开放，引导学习者深入思考，而不是被固定的答案限制住。这样才能真正培养出学习者的自主学习能力。

（3）趣味性原则。趣味是学习者获得学习乐趣的重要途径，也是学习者持续进行学习和思考的关键，能帮助学习者保持稳定的心态和持久的目标感。

（七）调整自身状态

培训师对自身的准备包括教学前对自身优势、不足的认知，对自身教学特点与风格的把握，教学前对自身心态、情绪的把握等内容。培训师只有对自身有清晰的认知，才能够有针对性地进行课前准备，在课堂教学中扬长避短，从

---

① 韩伟静，滕晓丽．培训运营体系设计全案［M］．北京：人民邮电出版社，2014.

而更好地引导学习者投入课堂。

首先，培训师在教学准备过程中应对自身优势和不足有清晰的认知。对于优势应合理利用，对于劣势应设法完善。如对于语文文章朗读，培训师可以在课堂中进行朗读示范，调动学习者的热情；也可以采用借助音频资源进行朗读示范，或选择班级中擅长朗读的同学进行朗读示范等方法，同样能调动学习者的热情，起到为学习者示范的效果。

其次，培训师应对自身教学特点与风格有合理把握。教学风格可以大致分为理智型教学风格、情感型教学风格、自然型教学风格、幽默型教学风格、技巧型教学风格等。培训师可以通过模仿—选择—定向—创新的过程，先模仿他人的教学风格，结合自身特点选择一种教学风格，在实践中不断磨炼并最终完善自身教学风格。

最后，培训师在进入班级前应对自身心态、情绪进行合理调整。培训师在日常生活中难免会有疲惫、伤心等消极情绪，这对于培训师的课堂教学及学习者的学习氛围都有一定的影响。培训师可以通过深呼吸、自我暗示、集中注意力于教学内容等方式，尽可能用最饱满的情绪进行课堂教学。

第二节　有效互动

【想一想】

在开始本节内容学习之前，请回忆一下，你的课堂中存在哪些形式的互动。请分享你的经验。

一、互动教学的概念①

学习金字塔（Learning Pyramid）理论（或称学习成效金字塔理论）（如图 4-4 所示）是美国缅因州的国家训练实验室 20 世纪 60 年代的研究成果，该理论根据信息的不同传播途径揭示了个体对知识的保持率，指出学习者采用听讲、阅读、视听、看演示等方式学习两周后，学习内容平均留存率在 30% 以下，采用讨论、实践和教授他人等方式学习两周后，学习内容的平均留存率在 50% 以上，其中留存率在 30% 以下的学习方式属于被动学习，留存率在 50% 以上的学习方式属于主动学习。②

图 4-4　学习成效金字塔理论

学习成效金字塔理论从量化角度直观呈现了学习者积极主动参与学习与被动学习效率之间的巨大差异，启示教育者将传统教师控制的照本宣科的"填鸭式"的被动学习转变为学习者多感官主动参与的生成性学习。伍德在其研究中指出，学习成效金字塔底部的教学方法（讨论、实践、教授给他人）是促进学习者高效学习的方法，这些方法主要提升的是布鲁姆目标分类中的高层学习目标（应用、分析、综合、评价）。由此可以看出，学习成效金字塔理论的要义在于：

---

① 李高峰，刘杨.互动教学能力实训[M].北京：高等教育出版社，2019.

② 姜艳玲，徐彤.学习成效金字塔理论在翻转课堂中的应用与实践[J].中国电化教育，2014（7）：133-138.

在教师的组织和指导下，让学习者通过积极主动参与小组探究、体验式学习、实践性学习来提升学习效率和高阶思维能力。[①]

培训师在实际教学过程中，为了更加科学、有效地进行互动教学，首先应该理解互动教学的概念，了解其名称、内涵、外延，以便在头脑中形成清晰的认识从而指导自己的教学行为。

（一）互动教学的定义

"互动"一词最早出现在社会学领域中，它表示在社会中人与人相互交往的活动过程。《中国大百科全书：社会学》界定"互动"的概念为：一个由自我互动、人际互动和社会互动三个阶段组成的过程，其实质是主体与客体之间的往返活动，是主体与客体之间的沟通。[②]《社会学词典》认为，互动是指人与人之间的心理交互作用或行为的互相影响，是一个人引起另一个人的行为发生变化或改变其价值观的任何过程。[③]从这个定义中可以看出，互动不仅包括行为上的互动，还包括心理上的交互作用和互动影响。一般情况下，我们所说的"互动"都是指狭义的互动，即人与人之间通过某种媒介进行的互动。这种媒介具有多样性，既可以是言语、行为举止，还可以是眼神、面部表情、活动、游戏等。[④⑤⑥]

"师生互动"是指在师生之间发生的各种形式、性质和各种程度的相互作用和影响。需要注意的是，师生交往并不等同于师生互动。在现实生活和教学过程中，教师和学习者之间的交往、学习者和学习者之间的交往时常是无意发生的，不一定对他人产生影响，不一定能够引起另一个人的某个或某些行为，不一定使其获得知识、提高技能、转变价值观，不一定能对其心理产生一定的影响。例如，有教师、家长常批评学生把自己的话当作"耳旁风"，

① 成小娟,张文兰,李宝.电子书包在小学语文阅读教学中的应用模式及成效研究——基于学习成效金字塔理论的视角[J].中国远程教育,2017（4）：57-64+78.

② 中国大百科全书出版社编辑部.中国大百科全书：社会学[M].北京：中国大百科全书出版社,2004.

③ 章人英.社会学词典[M].上海：上海辞书出版社,1992.

④ 徐飞.国内外课堂互动研究状况述评[J].国外外语教学,2005（2）：57-65.

⑤ 刘野.互动教学内涵及实施策略[J].天津市教科院学报,2011（3）：11-13.

⑥ 孙泽文.课堂互动教学研究[D].武汉：华中师范大学,2008.

"左耳朵进，右耳朵出"，实质上只是交往了，但没有产生互动。互动教学应该渗透在教学活动中，要能够激发学习者的学习动机，特别是内在的学习动机，要能够促进学习者积极主动地学习和思维。[①] 这就需要教师认真思考，根据学情创设互动教学环节，对学习者的行为和心理产生应有的影响。

"课堂互动"是在课堂这个特殊环境里的各个主体之间的互动，也就是在课堂中所发生的教师与学习者之间的互动，学习者与学习者之间的互动。培训师要能够在有限的时间内，围绕教学重点和难点展开教学，尊重学习者的主体地位，充分激发学习者的学习兴趣，使学习者在愉悦的体验中获取知识、训练和提升能力，发展情感态度与价值观，从而提升核心素养。培训师在保证课堂教学秩序的同时，要能够清晰地获取学习者的反馈信息，进一步有针对性地对学习者产生积极的刺激，使整个教学过程可持续、优良地发展。教学活动的质量和效果取决于教师的教和学习者的学之间相互作用、相互影响的结果。[②] 当然，除了课堂内的互动，也有课堂外的互动。例如，实践活动课程更需要师生互动、生生互动。实践活动课程涉及跨学科的知识、综合化的能力、多样化的材料用具，这就使连接师生、生生的媒介具有多样性。

基于对互动、师生互动、课堂互动定义的理解，互动教学的概念框架也就明晰了。互动教学是一种教学模式，该模式以启发学习者思维为起点，以教师和学习者为双主体，注重以学习者为中心进行教学设计，突出师生的互动和生生的互动，从而使学习者掌握基本理论和基本技能，养成自主探究、相互协作的意识，提高查阅信息、处理信息和解决问题的能力，树立基于科学依据的价值观念。通过这种教学模式，教师同样不断地受到启发，调整教学活动，提高课堂教学效果，提升自身的专业能力。

（二）互动教学的内涵

概念的内涵不能直接看到，而是内在的、隐藏在所反映的事物深处的东西，

[①] 林崇德，胡卫平.创造性人才培养模式的探索[N].各界导报，2014-02-22（4）.

[②] 林崇德，胡卫平.思维型课堂教学的理论与实践[J].北京师范大学学报（社会科学版），2010（1）：29-36.

需要探索、挖掘才可以理解。所以，对互动教学的内涵进行一一解读，有利于广大培训师对互动教学的理解。

互动教学是师生双主体之间发生的一种人际互动。这与"以教师为主导，学习者为主体"的教育思想并不矛盾。在互动教学过程中，教师仍然起着主导的作用，只是教师在主导的基础上，要以学习者为中心，突出学习者的主体地位。例如，教师知道问题的答案，但要给予时间让学习者尝试探寻。当学习者在互动过程中遇到困难时，教师不要急于帮助，只有在学习者克服不了时再提供帮助。当学习者在互动过程中出现失误时，也不要事先树立是与非、对与错的绝对权威[①]，只要这种错误不会伤害学习者，让其经历和感受错误，也是一种重要的学习。

互动教学是学习者主动建构的过程。"以教师为主导"绝不意味着教师可以随意控制学习者的思想与行为。"以学习者为主体"说明，学习者是学习活动的中心，是学习的主体。在互动教学过程中，教师应该作为组织者、引导者和指导者，不能将自己设计的唯一标准答案强塞给学习者，更不能要求学习者上课时追求唯一的学习习惯和思考方式。学习者的思维是多样化的，处在主导地位的教师不能抹杀学习者的想象力，应该创造条件保持学习者的创新意识，引导学习者通过"试误"真正建立概念框架和思维体系。

互动教学要引发学习者的深层次思维。在实际教学过程中，教师不能为了互动而互动，不能一味地追求形式教学，不能机械地、生搬硬套地进行互动教学。一方面，不应只停留在表面形式的互动教学，如请学习者读题、回答"是"或"不是"等。这些情况虽然看似在交流，但这种交流没有影响到学习者的认知结构，没有触及学习者的情感世界，没有改变学习者的行为。另一方面，互动教学不是要求教师在整个教学过程中始终应用互动模式，而应针对教学重难点来进行互动设计。

---

① 胡卫平.论科学创造力的结构［J］.教育科学研究，2001（4）：5-8.

二、互动教学的类型[①]

互动教学的类型很多，依据不同的维度，可以将互动教学分为不同的类型。不同类型的互动教学，具有不同的价值取向和功能。明确互动教学的类型，因地制宜设计有针对性的互动教学，能够扬长避短，提高教育教学质量。

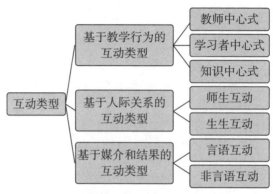

图 4-5 互动教学的类型

（一）基于教学行为的互动类型

英国学者艾雪黎依据塔尔科特·帕森斯的社会体系观点，按照互动教学中的主体地位的不同，将互动教学分为教师中心式、学习者中心式和知识中心式。[②]

在以教师为中心的互动教学中，教师处在主导地位，学习者处在服从地位。在教学活动中，教师是中心，学习者的思维要紧跟教师，学习者的活动要配合教师。因此，此种互动模式难以激发学习者学习的主动性、积极性，通常不主张教师中心式的互动教学。

以学习者为中心的互动教学，就是要尊重学习者的主体地位，以学习者为本，充分发挥学习者的学习积极性、主动性，最大限度地提高所有学习者的科学文化素养。这种互动模式中教师的主导性要隐含起来，让学习者在互动过程中体验、经历和感悟，包括经历非伤害性的错误，教师的教服务于学习者的学，

---

① 李高峰，刘杨．互动教学能力实训［M］．北京：高等教育出版社，2019．

② 郑金洲．互动教学［M］．福州：福建教育出版社，2007．

教师应做好咨询者、辅导者、学习动机激发者。

知识中心式的互动教学强调系统知识的重要性，将科学文化知识置于中心地位，以建构知识为主要目的。知识中心式互动教学具有鲜明的应试教育色彩，我们并不主张知识中心式互动。虽然互动过程中的知识要素是必不可少的，但是我们不能过于强调知识，不能忽略学习者整体素养的发展和提高。

（二）基于人际关系的互动类型

在课堂互动教学过程中，教师和学习者的关系是多种多样的。基于此可以把互动教学分为师生互动和生生互动。师生互动是教师和学习者之间通过讨论、问答、角色扮演、小组活动等的双向交流共享教学信息的教学形式。[①] 生生互动是学习者与学习者之间所进行的共享教学信息的教学形式。

师生互动可以分为师个互动、师班互动和师组互动。[②] 师个互动是指教师的行为指向学习者个体的师生互动。[③] 教师与学习者个体的互动常表现为以下几个方面：提问与应答、要求与反应、评价与反馈、个别辅导和直接接触。师班互动是指教师行为指向全体学习者的师生互动，常见于课堂教授、课堂提问、课堂评价等过程。培训师应该努力使课堂讲授转变成师班互动。师组互动是指教师行为指向学习者小组的互动，如教师针对小组群体而进行的讲解、辅导、评价等。

课堂互动并不总是教师与学习者之间的互动，有很多时候教师并不参与其中，而是作为协助者、旁观者，让学习者自己互动，即生生互动。它包含学习者个体之间的互动、学习者群体之间的互动、学习者个体与学习者群体之间的互动。[④] 学习者个体间的互动具有一定优势，由于学习者之间的身份是平等的，气氛是民主的，言论是自由的，背景和经历基本相同，培训师可以在必要情况下设计并开展学习者个体间的互动。学习者群体互动有助于培养学习者的团队精

① 顾明远.教育大辞典（增订合编本）［M］.上海：上海教育出版社，1998.

② 吴康宁.教育社会学［M］.北京：人民教育出版社，1998.

③ 亢晓梅.师生课堂互动行为类型理论比较研究［J］.比较教育研究，2001（4）：42-46.

④ 孙泽文，雷呈勇.互动教学模式的特点、类型与实施环节的研究［J］.内蒙古师范大学学报（教育科学版），2008（4）：86-89.

神、参与意识、社会责任，通过小组间的良性互动，可以达到互相启发、相互合作的目的，提高学习者的自我意识和社会化程度。学习者个体与学习者群体之间的互动，如演讲等，能够增强个体的责任意识和群体规范性，同时也能训练学习者的人际交往能力和群体交往能力。

（三）基于媒介和结果的互动类型

课堂互动是在一定的情境中，通过一定的媒介进行的。依据互动的媒介不同，可以将课堂互动分为言语互动和非言语互动。

言语互动是指师生之间、生生之间通过说话，以言语为媒介的互动。在课堂教学过程中，师生之间最基本的活动方式就是口头言语交流，包括师生之间的问答、讨论、谈话。在言语互动中应注意以下三点：首先，要保证学习者的连续性言语行为；其次，教师在言语互动中的提问应该以开放性问题为主，给学习者更大的自主性；最后，教师应通过鼓励、表扬来强化学习者应有的知识、能力等素养，针对学习者的错误，避免用直接的批评性言语，但也不能视而不见，仍要用合理的方式纠正学习者的错误言行。

非言语互动是师生通过言语以外的方式进行沟通和交流，又可区分为：面部表情——脸语；用眼传神——眼语；点头表示肯定或否定——头语；挥手以示赞扬或批评——手语；身体的方向、姿态。在教学过程中，培训师可运用必要的身体语言与学习者相互沟通，有时会收到"此时无声胜有声"的效果。

三、课堂互动的四大原则 ①

课堂互动是一种教育情境，是一种精神氛围，更是一种对话。它要求师生共同参与，互相协调，师生间展开充分的交流，和谐互动，共同发展。因而，它有自身的一些教学原则，主要包括平等性原则、主体性原则、差异性原则、探究性原则。

---

① 胡明晓.课堂互动的内涵、实施原则及策略[J].教学与管理,2011（30）: 22–25.

（一）平等性原则

所谓平等性原则，即在课堂平等条件下实现互动，通过课堂互动实现师生之间的平等。学习者作为学习主体应享有民主和平等的权利。教师要充分发扬教学民主，注重教学平等，师生之间建立一种合作关系，教学过程体现交往学习的特征。多采用自学、讨论与对话的方法，减少学习者的心理压力，让他们有较多的参与机会。营造生动和谐、宽松自由的氛围，激发学习者的探究欲望和潜质，形成乐观的情绪、思考的心向和坚定的信念，使教与学的目标和方向统一，双边活动的频率协调、幅度适度，有机融合。

平等性原则尤为强调学习者具有独立人格和主体地位，反对教师以权威身份来彰显自己的话语权与处置权。培训师应以平等的心态、宽容的胸怀对待课堂上发生的事件，不能在学习者最有勇气发表意见，最适宜培养自我表达能力的时候挫伤他们，要在充分理解学习者兴趣、爱好和特长的基础上，给他们充分的自由空间，为他们提供表达自己的机会，使他们从那些与自己不同的观点和思维方式中受到启迪，吸纳对方的智慧与精神、经验与情感。尤其应杜绝用自己的思维和现有的结论代替学习者的独立思考，从而导致学习者因缺乏思考而逐渐丧失自己创造的灵性。

（二）主体性原则

课堂互动中应把培养学习者的主体意识作为教学的目标取向，课堂的所有活动都是为了引发学习者主体的活动，包括各种认知活动。培训师应尽可能充分地调动学习者主体的学习积极性和主动性，为他们提供活动的平台和机会，使之成为主动的学习者、探索者和实践者，使他们能够把有关的其他交往者的主动性、创造性作为相互对话、理解和沟通的条件。教师仅仅只是引路人，在学习者主体遇到疑难的时候，应与学习者共同探讨，通过启发、点拨和释疑，指引学习者发展的方向。

主体性原则着眼于人未来的发展，教师首先要尊重学习者的主体人格，尤其应尊重学习者的自尊心，因为自尊心是学习者发展的内驱力和重要精神支柱。教师应相信每个学习者都有自己的优点和长处，看到他们拥有无限的内在潜能，相信他们经过自己的努力，都能够获取人类历史积淀下来的物质与精神文明中的精华，主动地吸收现代社会科技文化发展的最新成果，并掌握凝结于其中的社会道德准则、理想、审美意识、责任感和义务感，形成内在的价值准则。逐步拓展学习者的思维空间，提升学习者的主体参与意识和创造能力。

（三）差异性原则

由于受遗传及生存环境等多因素影响，在学习者身上会显现出个体间在认知、体力、心境、动机、习惯等方面的差异。这种差异性表现在学习者的智慧类型、学习动机、速度、风格和个性特征等方面。培训师应该根据学习者的差异采取不同的互动方式和相应的学习目标，秉承"追求个性、宽容另类"的理念，重视学习者的个人感受和生命体验，为学习者的多元智能发展搭建平台，既让学习者得到全面发展，又让他们的个性得到充分展现。总之，要努力促进每一个学习者的良好个性品质和独特性的形成与发展。

培训师在设计互动学习目标时，一定要尽量考虑到学习者的智力水平和个性差异，让教学任务合理可行。课堂互动不能像传统教学那样"一刀切""齐步走"，决不可将"苛求"当成"严格要求"。互动目标既要合乎国家经济与社会发展的总体需要，也要依据个体的思维水平、知识基础和生活经验而设置不同层次的目标。尤其要善待后进生，拒绝偏见。不能因其性别、智力、家庭背景、人格类型而减少与其互动的机会。还要做到"因材施教"，对一些学有余力的学习者，要适时补充具有新颖性、争议性和挑战性的内容。此外，还应考虑班级的整体水平，使教学内容和进度适合大多数学习者的知识水平和接受能力，以便每个学习者都有成功的学习体验和相应的发展空间。[①]

（四）探究性原则

传统课堂忽视学习者自身的发展和创造的需要，重死板的结论而轻探究的过程，重知识的获得而轻认知发展，从而导致学习者创造个性与探索精神的压抑和磨灭，因而在课堂互动中提倡教师的启发诱导和学习者的自主探究。学习

---

① 孙泽文. 也论互动教学的内涵、特征与实施原则［J］. 教育探索，2008（11）：12-13.

者在一种好奇心的驱使下，以课程的内容为探究对象，以外界环境和实际生活为参照物，通过充分质疑、自由表达、相互讨论和多方探究，从探索的亲历中获取新知，并将其应用于实际。培训师要宽容学习者幼稚的甚至是荒诞的想法，注重学习者思维的过程和问题解决的策略。

我们知道，外界可以对个体施加控制和影响，但却无法代替个体的思维活动。因而，课堂互动教学要建立在学习者的思考和探究之上，培养学习者求真的态度和怀疑精神，引发学习者对问题的质疑和独到的观点与见解。只有在探究中，学习者才能敞开思路，把握方法，进行尝试、体验和感悟。探究一般应从提供背景、发现问题、解决问题和交流成果等几个方面来组织与实施。互动探究性学习就是给学习者一个亲自实践的机会[①]，使学习的过程充满激情与幻想，使学习者形成浓厚的探究兴趣和强烈的好奇心，使学习的过程融进更多经验和智慧的力量，更加自主化、自由化和实效化，使每个学习者都得到生命的激发与充分的发展。

四、课堂互动的四个策略[②]

策略是人们对于采用何种手段、选择何种方法的计谋性思考，是一种计策性方略。就教学而言，它是根据一定的教学思想和具体情境而制定与实施的教学进程的技术性安排。任何一种教学理想的实现，都离不开与之匹配的教学策略。课堂互动策略主要包括"善设疑问，引发思维""动中有静，动静相谐""转变角色，学会倾听""民主平等，营造和谐"四个方面，它们是提高课堂互动教学效率的根本保证。

（一）善设疑问，引发思维

"问题是思想方法、知识积累和发展的逻辑力量，是生长新思想、新方法、新知识的种子"。要善设疑问，根据课程内容和学习者的认知特点，创造出一种

① 李稳华.互动探究性教学在生物教学中的应用[J].河北师范大学学报（教育科学版），2008（2）：79-80.

② 胡明晓.课堂互动的内涵、实施原则及策略[J].教学与管理，2011（30）：22-25.

问题隐藏其中的生活情境，使学习者形成一种"心求通而不得"的认知冲突，为学习者的内在发展构建一种触发性和浸润性的学习场域。首先，问题要有新奇性。新奇的问题才有吸引力和挑战性，更能激活思维，更能增强学习者的参与意识。但新奇的问题不能脱离教学内容，也不能故弄玄虚。其次，问题要切合学习者实际。当问题与学习者已有的知识和生活经验相联系时，学习者才会产生学习的兴趣，才会进行思考与探索，才可引发他们学习的潜能。再次，问题设置要活。要创造性地使用教材文本，不必死扣现有问题，否则学习者会感到索然无味，很难产生学习的欲望。问题情境既可由教师单独设置，也可由师生共同创设；既可以利用媒体资源来设置，又可以利用现实生活来创设。[①]

课堂互动中的问题应该来源于三个方面：学科、学习者的实际生活和社会生活。问题的设置与选择恰当与否，将直接决定互动教学的质量与学习者参与的热情。问题难度不能过高或过低，应相对集中，具有一定的启发性。但不能妨碍学习者对学科内容理解的丰富性和多样性。问题要形成系列，应联系学习者的实际生活。它们之间要有较强的关联性和层次性，要有两个或两个以上的可能性可供选择。当然，这些问题要指向明确，切合教学目标。在此基础上，帮助学习者围绕问题收集有关资料和信息，采取点拨、释疑、评价等多种教学手段，引导学习者进行类比、联想、聚合、推论、综合与概括。引导学习者自主探究、合作交流，让他们能够在问题的引领下主动去感知、思考和探求新知，在获取知识和应用知识的过程中发展合理判断与理性沟通的能力。

（二）动中有静，张弛有度

课堂互动是一个知识交融、思想交锋和情感共鸣的过程。它需要"动中有静"和"动静不失其时"。"动"是指讲解、朗读、讨论、演示、操作以及相互间的交流、切磋、碰撞；"静"则是指默读、观察、体悟、玄思、遐想。课堂互动要求教师把讲授和倾听、启发和思考、演示和观察、讨论和总结等方式有机地糅合和匹配起来，通过动静形态的变化来吸引学习者的注意力，优化他们的心理环境，多种感官参

---

① 雷呈勇，孙泽文.互动教学实施的原则和策略探析[J].当代教育论坛（学科教育研究），2008（8）：9–11.

与教学，扩大交流空间。互动的课堂不能一味追求课堂的"热闹"，应留给学习者一些"宁静"，应让"无声胜有声"。只有宁静方能凝神静思，只有静思才能放飞想象的翅膀。学习者的智慧大多在宁静中酝酿和生成，而过度的"活跃"将会导致学习者热情与活力的浮躁和浅薄。"动中有静"的课堂能使教学过程起伏有致、虚实相生，充满生机与激情，从而成为师生心灵对话的舞台；成为唤醒各种潜能的时空；成为探索未知的旅程，让学习者感受学习互动的幸福与快乐。

课堂互动中的收放自如、张弛有度，即指课堂互动的容量要适中，让学习者紧张之余能有所放松。绝不能高潮叠加高潮，精彩连着精彩。事实上，教学投入与收效不一定成正比。因此，在目标的设计上应注意显性和隐性的合理分配，内容的组织上应疏密相间，语调的使用上应优雅柔和，方法的安排上应灵活多样。这样，才能不断变化刺激的强度，有张有弛，为学习者的想象和创造预留空间。学习者既能与学习伙伴沟通，也能和文本进行对话，尤其能与自己的心灵交流。使他们的"注意力"和"兴奋点"得以持续，在情感律动中融入课堂，在感受、体验的基础上，结合对生活的认识和感悟，实现充分的合作、探究与自我构建，真正成为学习的主人。这样的课堂互动才能既炽烈又不失温情，激荡中不乏静谧，自然和谐，充盈生命的关怀，引发学习者"向青草更青处漫溯"。

（三）转变角色，学会倾听

传统的课堂教学是单向传播，教师独霸话语权，教师充当的仅仅是"演讲者"角色，学习者则成了"沉默的羔羊"，只能被动地吸收信息。新课程理念下的课堂互动，对教师角色提出了更高、更新的要求，要求教师及时转换角色。培训师务必认清自己的角色：教师仅仅是钥匙、拱顶石、图例、领航人而已，并非宝库、学校、地图、音乐与帆船。应该把凯撒的交给凯撒，把上帝的还给上帝，把本属于学习者的学习还给学习者。[①] 这就要求教师不能居高临下，要与学习者站在同一个平台上，做平等交流中的"裁判"和"首席"，否则，就会阻碍与学习者的对话。正如克林伯格所说，教学原本就是形形色色的对话，拥有对话

---

① 鲁林华.新课程理念下教师角色的反思与澄清［J］.学理论，2010（21）：229-230.

的性格。[①] 课堂互动就是要营造一种生动的师生对话情境，使课堂成为生命涌动和个体成长的"生活世界"。

师生对话不是原始意义上的谈话形式，而是一种双方各自向对方敞开胸怀、彼此接纳、无拘无束的沟通与交流。倾听能突破以视觉为中心的交往局限。它既是教师输出信息、交换信息和接受学习者输出信息的基础，也是教师对学习者生命存在的肯定与尊重。教师要学会倾听，观察学习者的细微变化，并通过倾听理解学习者的欲望和需求，及时调整教学的内容与行为。倾听的途径不能仅局限于互动的课堂，还要通过其他方式，尤其是使用信息技术手段。教师还要具有悦纳学习者的情怀，多一份亲切、一份平和与耐心。在倾听中学会欣赏，感受学习者思考的顿悟、灵感的萌发和瞬间的创造。这样，学习者的学习就不仅仅是一种交流，而是一种享受，更是一种生命向生命的呼唤。可见，倾听就是平等，就是理解，就是尊重，就是关爱，就是教育，因而它是教育者最起码的使命。

（四）民主宽容，营造和谐

课堂互动中的"民主"与"宽容"，既是一种教学理念，又是一种教学策略。教学民主表现为一种师生相互尊重、信任的关系，一种充满人性而且体现人文关怀的状态，一种宽松、和谐的氛围。教师在鼓励、倾听、等待、宽容、理解和共融中，与学习者友好相处，真诚接纳，平等地交往与沟通，使他们拥有一种释然的"解放感"。"宽容"是教师对世界、对真理、对人性洞察后所表现出来的豁达与超越。课堂互动是一个动态的、生成和变化的发展过程，在师生交流互动的过程中，谁都可能出错，尤其是少数学习者会经常"出错"。教师应允许不同的声音出现，多一些宽容，少一些责难。把这种"错误"视为一种课堂学习的生成性资源，让学习者在互动中对"错误"进行分析、辩解和修正，知道自己在理解、认识上的缺陷。在亲历和体验中感悟理性，领会方法，引发自悟，唤起自尊，从而形成敢于质疑、不迷信盲从的求真精神。宽容是一种温柔的力量，它

---

① 钟启泉.为了中华民族的复兴 为了每位学生的发展：基础教育课程改革纲要（试行）解读［M］.上海：华东师范大学出版社，2001.

可以让教师走进学习者的心灵,赢得学习者对教师的信任和崇敬,促进学习者生命的成长、智慧的成长和人格的成长。

和谐,是一种教学的愿景,意味着自由与平等、尊重与理解。和谐才能产生课堂互动,和谐的课堂必须关注学习者的生命成长,使各种教育因素共生互进、彼此协调,形成教学生态。"和谐"需要有民主的课堂理念、宽容博爱的教师情怀、诚信友爱的人际关系、活而有序的教学秩序和不懈进取的探究精神。这就要求教师用全面的、发展的眼光看待每一个学习者,使他们能够带着"绿色的心情",以主动的姿态与"学习伙伴"一起协商,共同切磋、彼此碰撞、相互启发,师生共同营造良好的互动情境,形成一个真正的"学习共同体"。在一种民主、宽松、温馨的氛围中形成交互的思维网络。"和谐课堂"绚丽多彩,是充满神奇与变幻的对话舞台。它排除一切压制与束缚,尊重学习者的主体人格,让他们敞开心扉,张扬个性,生命活力能够不时得以激荡与释放,能够深切感受"和谐"带来的惊喜与快乐,从而达成学习者主动参与、自主探究以及知识融合、感情升华的境界。

五、课堂互动的五个方法 [①]

(一)团队竞赛法

通过团队 PK 的形式激发学习者的学习积极性,让整个课堂气氛活跃起来,形成全员学习、团队参与的好习惯。

第一步,宣布规则。当团队分好后,要制定一些规矩,根据自己的要求进行规制设定,让规制为你服务,如表4-4所示。

表4-4 团队规制示例

队长任务	带领团队完成三天的学习,并取得优异成绩
队长责任	当队员出现迟到、早退、打瞌睡及其他影响团队学习的行为时,责任均由队长承担(做俯卧撑5个起,5、10、20、40、80倍增)

① 熊亚柱.手把手教你做顶尖企业内训师:TTT 培训师宝典[M].北京:中华工商联合出版社,2016.

（续表）

队名称呼	当团队取得阶段性成果时，展示时用
备注	队长可以选副队长作为自己的助手，如果队长是女性，那么副队长建议选男性，以便有人代替受罚

第二步，根据信念进行摆造型展示，并大声喊出团队口号，使团队建设达到一个高潮，确认学习者和团队是否都能积极投入到学习当中去。

第三步，积分管理。在后期的培训过程中，培训师可以根据自己的课程内容、现场情况、学习者表现给团队打分，进行分数的加减，让整体团队依然保持积极学习、主动学习的状态。

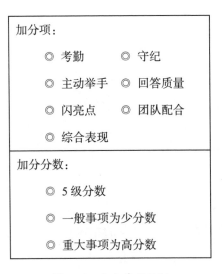

图 4-6　积分管理示例

（二）问题研讨法

问题研讨是一个很好的互动控场方式，运用得当能够产生很多群体智慧。研讨法的参与性很强，被誉为"互动法之王"，关键在于可以和很多的方法结合使用，如讲解法、案例法、角色扮演法、游戏法，会有很好的效果。但如何提问很重要，有好的问题才会有好的结果。例如，"现在我们来研讨一下我们的工作都有哪些问题"这样的问法，大概率什么也得不到；可以改成"现在我们看看有哪些因素影响了我们工作的开展"，并追问"我们看看有哪些方法可以排除或是解决这些因素的干扰"。

运用问题研讨法时要把握好下面几个关键点。

（1）正确的问题引导。例如，"我们现在来讨论一下，哪些因素影响了我们不能快速执行领导的决定？我们用 10 分钟的时间罗列出来，行吗？现在开始。"

（2）时间要合适。例如，"好的，现在我给大家三分钟的时间研讨一下，一个公司的发展战略应该怎么做。"这个话题太大，时间又不足，就无法有效互动。

（3）现在开始。"我们下面来研讨一下，教师常犯的几个错误好吗？"你会发现没有一个人动，都被你催眠了，所以要给一个明确的指令——现在开始。

（4）去观察。开始之后，请让自己走开，不要靠近学习者，以免影响学习者的研讨，但是一定要观察学习者的进展。

（5）提醒。到最后几分钟时提醒一下。

（6）背景音乐。可以放点音乐，营造轻松的氛围。

（7）留足空间。开始后就不要讲话，因为讲了大家也很可能听不见。如果要讲，请说"打断一下，我再补充两点，一点是……，第二点是……"。

（三）角色扮演法

1. 角色扮演法的优点

角色扮演法的优点有以下几方面。

（1）参与性强。可以充分调动学习者参与的积极性。为了获得较高的评价，学习者一定会充分表现自我，施展自己的才华。学习者知道怎样扮演指定的角色，在扮演的过程中，学习者会抱有浓厚的兴趣。

（2）具有高度的灵活性。从测评的角度看，角色扮演的形式和内容是丰富多样的。为了达到测评的目的，主试者可以根据需要设计测试主题和场景。在主试者的要求下，受试者的表现也是灵活的。主试者不要把受试者限制在有限的空间里，否则不利于受试者发挥真正的水平。从培训的角度看，培训师可以根据培训需要改变学习者的角色，与此同时培训内容也可以做出适于角色的调整。在时间上没有任何特定的限制，培训师可以视要求决定长短。

（3）遵循自己的意愿。角色扮演是在模拟状态下进行的，因此学习者在做出决策行为时，可以尽可能地按照自己的意愿完成，不必考虑在实际工作中决策失败可能带来工作绩效的下降或失败等问题。学习者只要充分地扮演好角色就行，没必要为自己的行为担心，因为这只是角色扮演行为，其产生的影响可以控制在一定的范围内，不会造成不良影响，也没必要在意他人对自己的看法。

（4）需要配合。在角色扮演过程中，需要角色之间的配合、交流与沟通，因此可以增加角色之间的感情交流，培养学习者的沟通、自我表达、相互认知等社会交往能力。尤其是同事一起接受培训进行角色扮演时，能够培养员工的集体荣誉感和团队精神。

（5）锻炼机会多。角色扮演培训为学习者提供了获取多种工作、生活经验和锻炼的机会。角色扮演法的优点是就培训而言，因为在培训过程中，学习者通过角色扮演可以相互学习，可以模拟现实的工作和生活，明白自身能力的不足之处，通过培训使自身的各方面能力得到提高。

2. 角色扮演法的缺点

（1）如果没有精湛的设计能力，在设计上可能会出现简单化、表面化和虚假人工化等现象，这无疑会对培训效果产生直接影响，使学习者得不到真正锻炼和提高的机会。同样，在设计测评学习者角色扮演场景时，如果设计不合理，设计的场景与测评的内容不符，就会使学习者摸不着头脑，更谈不上测出学习者的能力水平。

（2）有时学习者由于自身的性格不乐意接受角色扮演的培训形式，而又没有明确拒绝，其结果是在培训中不能充分地表现自己。而另一种情况是有的学习者参与意识不强，角色表现得漫不经心，这些都会影响培训的效果。在测评的过程中，由于学习者参与意识不强，没有完全进入角色，就不能测出学习者的真实情况。

（3）对某些人来说，在接受角色培训时，表现的是刻板的模仿行为和模式化行为，而不是反映他们自身特征的行为。这样，他们的角色扮演就如同演戏一样，偏离了培训的基本内涵。在测评学习者角色扮演中，如果学习者也表现得刻板或行为模式化，测评就失去了意义。

（4）由于角色扮演时，大多数情况会有第三者存在，而这些人或是同时接受培训的人，或是评价者，或是参观者，自然交互影响会产生于学习者和参观者之间。这种影响是很微妙的，但绝不容忽视。

（5）有些角色扮演活动是以团队合作为宗旨，在这种情况下可能会出现过度突出个人的情况。这也是角色扮演中很难避免的，因为一旦某个人表现得太个性化，就会影响团队整体的合作性。

3. 角色扮演法的要求

为了弥补角色扮演的不足，还必须对受训者或受试者提出一些具体的角色扮演要求。

（1）接受作为角色的事实。

（2）只是扮演角色。

（3）在角色扮演过程中，注意态度的适宜改变。

（4）使自己处于一种充分参与的情绪状态。

（5）如果需要，注意收集角色扮演中的原始资料，但不要偏离案例的主题。

（6）在角色扮演中，不要向其他人进行角色咨询。

（7）不要有过度的表现行为，那样可能会偏离扮演的目标。

由上所述，角色扮演法既有自己的优点，又有不足之处，是一种难度很高的培训和测评方法。要想达到理想的培训和测评效果就必须进行严格的情景模拟设计，同时要保证角色扮演全过程的有效控制，以纠正随时可能产生的问题。

（四）案例分析法

案例分析法的实施步骤如下：（1）介绍案例的背景；（2）将参与者分成几组，通过介绍形成良好的氛围；（3）各组研讨，找出问题的症结所在；（4）挑出最理想、最恰当的策略，由教师总结。

1. 案例分析法的优劣分析

优势：可以调动学习者的积极性，让学习者印象深刻，参与度高，反馈及时。劣势：案例来源有限，状况比较单一，对培训师和学习者的概括能力要求较高。所以经验不足的学习者和培训师很难运用这个方法。

2. 案例分析法的应用和建议

（1）精选案例。反映抽象理论的案例有多种渠道来源，最常用的渠道是各种媒体，如书报、杂志、电视广播等。收集这类案例时培训师应做有心人，及时摘录书报杂志上的案例，在电视、电台里看到和听到的案例应随时将其大意记下来。另一种渠道是培训师自己深入实践，在第一线收集有关资料。这种案例的编制要求培训师要对活动实践有着敏锐的观察力和概括力。此外，培训师也可以有意识地编制一些典型案例，当然这种方法要求培训师自身对理论有深刻的理解和把握，能够通过合理的想象挖掘既来源于现实生活又超越现实生活的、具有一定艺术性和真实性的题材。

（2）案例的分类取舍。培训师不可能把收集到的与所讲课程内容有关的所有案例都纳入课堂讲授范围，必须对已收集和编制的案例进行认真分析与比较。在分析与比较过程中应坚持4个基本原则。一是优先选取最典型的案例。典型案例往往是多种知识的交汇点，运用在教学中最有助于说明复杂深奥的法理。二是案例应与相应的理论贴近，表面现象的牵强附会将会误导学习者，结果很可能事与愿违。三是所选取的案例切忌庸俗。培训师有教书育人的责任，不宜在课堂上过多地讲述社会的阴暗面，也不宜过多地讲述与教学内容无关的背景资料和小道消息。四是选取的案例不宜太复杂，切忌喧宾夺主。案例要为理解理论服务，要有针对性。

（3）案例的应用。这是采用案例分析法讲授有关理论的关键环节。应用案例的方法有多种，常见的一种方法是培训师根据授课内容先讲授基本的理论含义，然后用案例加以说明，或者先讲授案例，然后水到渠成地引出有关的基本理论。但案例的应用千万不能局限于此种方法，必须灵活加以应用。培训师必须根据授课对象所面临的具体场景，充分调动学习者的积极性和主动性。当然这种方法要求培训师提供案例时在方式方法上要进行巧妙构思，要掌握数倍于学习者的背景材料；讨论时要引导控制讨论，但同时要避免完全控制讨论；应注意倾听学习者的发言，并进行适当的引导，使所有学习者都参加讨论；讨论结束时要做好总结，当然总结也并非一定要由培训师进行，也可以由学习者进行总结，培训师适当加以点评。

（4）案例延伸。让学习者在学习某一基本理论知识的基础上，通过仔细观察现实生活，努力寻找反映理论原理的案例，并用所学过的理论对所观察到的事实现象进行分析，以进一步加深他们对所学理论及分析方法的理解。

下面是见习教师培训中所用的案例，培训师先是给出案例情境，请见习教师们按照要求进行分析，并最终给出案例分析建议和要点。

【案例研习】

● 案例情境

为保障电路图的作图规范，老师反复强调使用铅笔直尺作图，但仍有学生不按要求完成。课上老师再次强调："如果再发现谁绘图不规范，我会请你重新画。"课代表小 A 突然大声说："为什么平时要这样，我考试再用不就完了吗？"小 A 的带头反抗让老师很生气，回答道："我是在害你吗？这是为了让你养成好习惯。"小 A 继续说："我考试会好好画，平时多费时间。"老师更生气了，说道："请按我的要求做，别浪费同学的时间。"小 A 没有再说话，低头默默进行修改。

请用现代教育理论对案例中老师的处理方法进行分析。

● 案例分析

【判断】

情境中教师的本意是好的，但做法不妥当。问题在于没有以学生为主体，没有充分了解学生的认知发展特点，没有从学生的角度思考。在师生间出现认知冲突时，采取强硬态度，扼杀了学生敢于质疑的勇气。同时，放弃了这次与学生沟通的机会，不利于师生关系的培养以及后续的教育工作。

【分析】

此情境中是否要在平时使用铅笔绘图并不是师生矛盾的根源，根本矛盾是师生对于同一件事情的认知差异，以及缺乏沟通所导致的相互不理解。

小 A 不是没有能力，只是不理解老师的要求。站在老师的角度是为了同学好。但是对于成绩好的小 A 来讲可能是一种负担，而老师在课上的理由没有说服他，因此他提出了质疑，引发了矛盾。

【观点】

教学过程中应始终坚持以学生为主体的教学观，认识到学生是发展中的人，充分了解学生的认知发展特点，尊重学生的独立人格，在此基础上引导学生完善认知体系。在教学过程中应抓住教育契机，充分利用生成性问题，将对学生的引导贯穿到日常中。同时教师也应不断提升自身的认知水平与教育教学能力，尝试用多元的方法解决问题。

【阐述】

（1）提高认知水平。教师应充分了解学生的身心特点，从学生的角度思考，引导学生在认同的基础上完成要求，能够起到事半功倍的效果。

（2）教育方法多样。教师应发挥教育智慧，巧妙解决问题。课上可引导其他同学说说看法。课后可利用实物展示法，呈现作业对比；利用小品演绎法，在班会上进行情景表演；利用讨论思辨法，讨论"好习惯是助力还是负担"。

（3）修炼语言艺术。说什么很重要，怎么说更重要。教师可以用幽默的语言赢得学生的认同，让双方在宽松环境下冷静思考。

（4）抓住教育契机。案例是很好的矛盾处理、沟通方式的教育机会，教师应引导小 A 思考自己的做法是否妥当，这对全班同学都将是一次教育引导。

（5）注重因材施教。案例中教师可以课后让小 A 作为课代表统计绘图题的错误率，让小 A 在实践中感受到老师的用意。

（五）头脑风暴法

头脑风暴是产生更多好方法的源泉，因此很多培训师都希望能够运用它进行课程的讲授，同时自己也能提升很多。但是很多人对头脑风暴并不了解，把握不好，也就达不到效果。头脑风暴的 5 条基本规则如下。

（1）尽可能想出多且新的办法。

（2）采取一种宽容的态度。没有"坏主意"这回事，一个不着边际、不现实的建议也会激发别人想出一个有创造力、有可操作性的主意。

（3）在头脑风暴的过程中，不要去评价、批评或者讨论任何建议。

（4）用别人的想法刺激你的思维。尝试改进别人的想法，或者把别人的想法组合起来，形成自己更好的做法。

（5）互相鼓励。要像一个团队那样去工作，成就团队的使命，而不是互相竞争。

第三节　课堂管理[①]

【想一想】

一节幼儿美术课上，一位学生不小心泼洒了水打翻了颜料盘，他紧张得哭了起来，周围的同学都议论纷纷，教室里顿时乱了起来。如果你是这节课的教师，你会怎么处理？请分享你的想法。

一、认识有效的课堂管理

课堂是一个独特的系统整体，它包含着复杂多变的目标、结构体系、教育情境与人际互动。同时，它又是课堂管理赖以存在的基础，课堂管理始终围绕着课堂中的人来展开，是教师和学习者以及周围环境之间形成的一个互动情境，是一个有多种结构的学习体，让学习者参与课堂，反思道德行为，在关怀与相互尊重的关系中养成良好的行为。有效的课堂管理可以保证课堂教学活动顺利地进行，通过提供良好的教学环境以激励学习者学习，借助平等交流保持积

---

① 张玉虎.实施取向视域下课堂管理的发展［J］.教学与管理，2015（21）：50-53.

极的师生互动。反之,可能会导致学习者不满、反抗等,最终的结果是教师不能把握教学时间,不能完成教学任务,甚至会降低学习者的学习兴趣。①

课堂管理是有效教学的重要组成部分。有效教学理论给予课堂教学以新的理念和指导思想,与其相应的课堂管理具有以下三个典型特征。

(一)以学生为本

传统的课堂管理理念是以教师为中心的。人们在总结、反省以往课堂管理实践和理论的基础上,在有效教学理论的指导下,逐渐确立了以学习者为本的课堂管理理念。生本课堂管理理念认为,课堂管理的根本目的是促进学习者的全面发展而不是控制学习者的行为,强调通过人性化管理形成生态化课堂,以追求学习者思维的活跃和自由,从而使课堂管理的促进性目标发挥更好的作用,并通过课堂管理活动满足师生的合理需要,推进课堂的不断生长和学习者的全面发展。②

(二)注重内在控制

以教师为中心进行设计并由教师监督实行的传统的课堂管理方式容易导致学习者在课堂管理中处于消极被动的状态,使得课堂缺乏内在的动力和活力。而真正有效的课堂管理是学习者自我的内在管理。学习者如果能将教师的课堂要求内化为自己的自觉行为,那么课堂管理就能达到最佳的效果。③因此,培训师要注意学习者的自我管理,要有意识地培养学习者的自主意识和责任感,采取恰当方法激发学习者参与课堂管理和教学活动的内在动机,以提高学习者参与课堂的积极性和主动性,进而实现内在控制,最终形成学习者自我管理的能力。

(三)致力于教学改进

现代课堂管理理论认为,创建良好的课堂秩序和纪律,既需要合理的课堂管理观念的指导和制度的规范,更需要课堂教学本身的完善和改进。可以说,有效的教学是防止课堂问题行为发生的第一道防线,好的纪律来自好的教学。因此,改善课堂纪律必须首先致力于改进教师的教学,增强教学的魅力。

---

① 杜萍.课堂管理的策略[M].北京:教育科学出版社,2005.

②③ 宋秋前.有效教学的理念与实施策略[M].杭州:浙江大学出版社,2007.

二、有效课堂管理的四大策略

（一）正确理解和分析学习者问题行为的成因及性质

学习者的课堂问题行为大多并不是简单的故意所为，有时是学习者身心特点在特定课堂教学中的自然反映。为了有效实施课堂管理，准确理解学习者问题行为的性质，培训师需要综合分析与问题行为有关的因素。

1. 行为的年龄差异

在理解和处理课堂问题行为时，教师应把学习者的年龄作为重要的因素加以考虑，即根据学习者的年龄特征对其行为的性质和动机做出合理的分析与归属。例如，小学低年级中许多学生问题行为的出现或者是由于他们还不了解正确的行为方式，或者是教师对他们的要求过高，或者有时候他们虽然对规范有所了解，但由于年龄太小，自控能力较差，很难做出教师所期望的行为。各个年龄阶段的学习者所表现出的问题行为是不同的，成功的课堂管理就是要根据学习者的年龄和身心发展的特点正确理解问题行为的性质，并采取引导和控制问题行为的最佳策略。

2. 行为的能力差异

课堂中学习者问题行为的性质不仅与年龄有关，而且与学习者的行为能力也有密切的关系。不同能力学习者的学习动机是有差异的。通常能力强的学习者学习动机更强烈些，面对课堂学习能表现出一种积极的态度，即便学习内容枯燥也会努力学习。而能力弱一些的学习者就显得消极很多，他们的注意力往往不能更好地集中在课堂教学上，而是集中在一些与自己固有兴趣一致的内容上。由于学习者对学习内容缺乏兴趣，问题行为自然而然就出现了。因此，培训师要认真分析每一位学习者的能力水平，在问题行为出现前后都要对学习者进行积极引导并提供恰当的帮助，以减少问题行为的发生。此外，分析学习者的性别特点、家庭状况以及所处的社会文化环境都会有助于准确理解和把握学习者问题行为的成因和性质。

（二）师生共建积极的课堂环境

课堂环境是制约课堂管理的重要因素。有研究表明，如果学习者处于安全、舒适、受到尊重、能满足个体基本需要的课堂环境中，就会努力学习，做出得体的行为，反之就会使学习者产生消极的学习态度，做出惹是生非的行为。因此，培训师只有创建一个有意义的、满足学习者需要的积极课堂环境，才能确保学习者做出积极的、符合教学目标导向的行为，养成良好的守纪习惯。

1. 教师要致力营造人性化的课堂环境

人性化的课堂环境是课堂教学的一种潜在课程。营造人性化的课堂环境，可以从以下三个方面着手。一是优化课堂心理环境。培训师要尊重、关注和接纳每一位学习者，要了解学习者的内在需要和学习过程，并进行移情性理解。二是课堂教学要有助于学习者人格、能力和学习习惯的培养。要做到这一点，培训师首先要善于将情感融入教学中。培训师积极愉快的情感能调动学习者智力活动的积极性，激发学习者对学习的兴趣和主动参与的意识，达到情智互动。同时，培训师还要不断提高教学水平，因为高质量的教学能激发和调动学习者的主观能动性，培养学习者的探索精神和创造精神，使学习者在轻松的学习中获得全面发展。三是要保持建设性的课堂环境。建设性的课堂环境要求课堂要保持整洁、秩序与优雅，要搞好教学设计并合理安排课堂活动，要控制学习者的疲劳度，科学合理安排学习者的座位，建立民主平等的师生关系和生生关系。

2. 良好的课堂环境需要师生共建

课堂环境是指在课堂管理的过程中师生双方按照民主的原则，共同参与建构课堂支持性环境，其中包括自然环境、心理环境和文化环境。支持性课堂环境既体现学习者的主体参与意识，又为师生民主合作搭建了一个交流平台。[①]

师生共建的课堂环境不仅要体现在以师生的相互尊重为前提，面对问题通过民主协商和集体讨论等方式来解决，还要体现在将学习者的兴趣融入其中，如学习者自行设计教室环境等。融入兴趣的课堂环境能增强秩序性、安全性、舒适性以及责任感。这里必须强调的是，培训师在共建课堂环境过程中仍然要发挥主导作用，要根据需要对学习者进行及时有效的指导，以免不良风气进入课堂。

---

① 张东，李森.课堂管理创新：内涵、方向、策略［J］.教育探索，2005（10）：8-10.

（三）构建良好的师生关系

良好的师生关系是课堂教学和管理的助推剂，是有效教学理论研究的重要内容。良好的师生关系一旦形成，培训师在教学过程中就会充满热情，学习者就会好学、乐学，课堂气氛就会积极活跃。良好的师生关系是要主动建构的，从培训师的角度看，构建良好师生关系的策略主要有以下四点。一是要了解学习者、关心学习者，与他们建立真诚的友谊，支持帮助其学习。二是要信任学习者，相信学习者的能力，对学习者有恰当的期望，给予他们一定的自主权，让学习者充分挖掘和展示自己的潜力。三是要尊重学习者，平等地对待每一位学习者，真正视学习者为有尊严和有个性的个体。四是要与学习者进行良好的沟通。沟通是联络感情、传递信息、了解学习者和形成融洽师生关系的重要方式。沟通过程中培训师要真诚，要善于倾听，要把学习者当成真正的朋友，在他们需要的时候给予及时指导。

（四）改善教学，提升教学魅力

改善教学和提升教学魅力对于有效课堂管理是至关重要的。首先，培训师要恰当规划教学过程，使课堂教学环节过渡自然，教学方法恰当、多样。其次，培训师要不断提升课堂教学质量，增强教学魅力。好的课堂教学内容生动而又贴近学习者的实际生活，会使学习者感受到学习是有意义和有收获的，好的课堂教学又能提高学习者的课堂参与意识和时间利用率，好的课堂教学还会突出评价的发展和激励功能，能合理地利用评价增强学习者的自我效能感和自信心。凡此种种都会在很大程度上降低学习者课堂问题行为的出现率。

三、有效课堂管理的六个方法[①]

（一）差异对待法

对社会培训来说，学习者对培训的态度通常分为下面三种类型。

---

① 段烨.培训师21项技能修炼（下）精彩课堂呈现［M］.北京：北京联合出版公司，2014.

（1）支持者。这类学习者是教师的积极支持者，在现场认真听课、做笔记、与教师互动等。他们或是对主题感兴趣，或是对教师很尊敬，或者本身就上进好学，坚定地站在教师一边。

（2）反对者。这类学习者的行为表现可能有不遵守课堂纪律、不和教师互动、挑战教师、鼓动他人起哄等，内心表现为不想让培训顺利进行。

（3）旁观者。这类学习者既不像支持者那样认真学习和听课、与教师互动，也不像反对者那样捣乱、挑战。课堂表现趋同于局外人，作为旁观者看待发生的一切，常表现为两眼呆滞、心思游离。

培训师在课堂中应快速区分学习者的学习态度，并做到引领支持者，改变反对者，引导旁观者。

首先是引领支持者。培训师要在支持者那里获取更多的信心和支持，让支持者更加积极地支持课堂。因此，培训师最开始要关注支持者，多和他们互动，多引领他们。引领的方法是：面带微笑地关注他们，给他们更多的正面回应，表扬、赞美、激励他们。

其次是改变反对者。反对者不支持，并不是因为和教师有深仇大恨，只是不想轻易认同，一旦教师呈现了自己的专业性，展现了自己的实力，反对者就会慢慢地接受。改变反对者最好的方法是提问，通过师生一对一互动，慢慢改变反对者的态度。

最后是引导旁观者。培训师对旁观者多一些关注，多一些引导，多用正面的激励，多一些互动，慢慢地旁观者也会投入到课堂中。

差异对待是第一个方法，但是就算把所有学习者都转变为"支持者"，就算大家都认真地学习和配合，也不能保证学习者的这种状态能一直持续。培训师需要采用多种控场的方法和手段。

（二）提问法

提问能有效集中学习者的注意力。当课程进行较长时间，部分学习者注意力不集中，或场面有些混乱时，培训师可以向学习者提问。这时，绝大部分学习者都会停下手里的活动，把注意力放在课堂上，要么在思考问题，要么在听其他人的发言。

这类提问通常是临时生成的问题，因此培训师在提问过程中尤其需要注意以下几方面。

（1）所提的问题应是正在进行的话题，太突兀的问题虽然会引起大家的注意，但同时也会影响教学思路的连贯性。

（2）问题难度适当。此时提问的目的是集中注意力，引起大家的重视，太过简单或太过困难的问题可能会让学习者对课堂失去兴趣，因此问题难度应控制在学习者的最近发展区，让学习者能够通过学习思考后解决。

（3）不要紧盯学习者。提问的时候，培训师的眼睛要关注个别目标学习者，暗示他要集中注意力，但是也不能太过刻意。针对性太强的提问，有可能被理解为挑衅，会让人很尴尬，有可能引起学习者反感。

（三）提醒关注法

在课程进行中，发现有个别学习者开小差，比如发短信、说话、接电话、瞌睡，培训师可以一边讲课，一边慢慢地靠近目标学习者，直到他恢复正常。通常，当教师离得越来越近时，目标学习者自己会发现，就算没有发现，身边的学习者也会提醒他。大多数情况下，教师还没有真正靠近学习者，学习者就已经意识到了，问题就可以解决。但是也会遇到特殊情况，目标学习者一直没有反应，那么可以站在旁边多待一会，等待他恢复正常。培训师运用提醒关注法需要注意以下几点。

（1）走路的速度不要太快，不要直接冲向目标学习者，而是缓缓地、若无其事地靠近学习者。

（2）声音不变。靠近的过程中，声音不要停止，保持正常的速度，边讲边走，慢慢地靠近学习者。

（3）眼光不变。不要紧盯目标学习者，要让大家感觉你是给大家讲课，而不是给某个学习者讲课。

（四）转移话题法

如果课堂上的某个观点引起了大家激烈的争议，场面有些失控，剩下的课程无法顺利进行，那么培训师可以采用话题转移法，建议大家"搁置争议"，进入下一环节。这个过程需要培训师灵活应对。下面是某次培训过程中培训师的控场过程。

在培训辩论过程中，正反方发生了激烈的争论，双方自由辩论了很长时间，还不愿意停下来。规定的时间到了，教师总结发言道："大家辩论得非常激烈，几位代表给出了十分精彩的论点。大家把掌声送给他们。"

（掌声过后）教师接着讲："我们在课程最开始的时候，就给大家强调了辩论的规则。其中之一就是'没有标准答案'，这正是辩论的魅力所在：并不纠结于结果，而是在辩论的过程中，学会如何思考。因此，刚才这个话题咱们就到此为止。我们把掌声再次送给他们。接下来我们进入后面的学习。"

大家立即响起掌声，辩论的几个学生也高兴地进入新的课题。

（五）强调秩序法

当培训师发现课堂秩序比较混乱时，可以停下手里的课程，重申课堂纪律，这时，大多数学习者都会安静下来。当重申纪律后，绝大部分学习者都会遵守。需要注意的是，强调秩序的方法通常应尽可能避免使用。如果一个培训师经常强调秩序，只能说明他控场技能不够，同时也暗示整个课程不够精彩。

当然，这个方法可以由其他人使用，比如培训师的助理，在每次上课前强调培训纪律，就会显得很正式；或由培训组织者在培训前和培训中途上台来强调，但是都要尽量避免打断课程。同时，强调纪律也要注意语言表达，不要引起学习者的逆反心理。

● 刚才大家表现得都很不好，没有认真听老师讲课，这里我再次强调一下纪律，希望大家好好遵守，以保证培训顺利完成。

● 大家刚才表现得很好，但是我相信，可以表现得更好。因此我重申一下课程纪律，相信大家一定可以做得更好，让我们的培训取得最好的效果。

（六）形式转换法

形式转换法指的是改变授课方法。每种授课方法都有优势和劣势，再好的方法，用多了也会让人疲乏。在培训过程中，如果发现大家都对这种方式有些厌倦，注意力不集中，场面有些混乱，那么培训师可以在不影响主题的情况下，转换培训方式，以控制场面。比如，在讲授为主的培训中，转换为小组讨论，可以调动学习者的参与热情。培训师采用形式转换法时要注意以下事项。

（1）选用的培训模式要合理。要选择合适的培训模式，前后要连贯。

（2）模式转换不要突兀。突然出现跨度较大的思路、模式，会让大家难以接受。

（3）要掌握合适的时机。转换模式要不露痕迹，在课程内容上保持一致，尽可能让学习者感觉教师不是因为想控场而采取行动，而是根据内容安排预先就有的，加强学习者对教师的信任。

【想一想】

在本节学习前我们尝试对美术培训中的突发情况进行了处理，通过本节内容的学习，你可以点评一下自己的处理方法。你会如何改进你的处理方法？（建议从成因分析、教室环境改进、课堂环境改善、师生关系提升等角度进行分析）

第四节　个性化指导

【想一想】

你认为学习者之间存在哪些方面的个体差异？面对学习者之间的个体差异，你在教育教学过程中又是如何处理的？

一、认识因材施教 ①

因材施教这一教育思想和原则来源于后世对孔子教育实践经验的提炼和升华。宋代朱熹在《论语集注》中总结道："弟子因孔子之言，记此十人，而并目其所长，分为四科。孔子教人各因其材，于此可见。"这便是因材施教的历史渊源。对于因材施教原则，我国当今比较权威的教育学教材是这样定义的："因材施教原则，是指教师要从学生的实际情况、个别差异出发，有的放矢地进行有差别的教学，使每个学生都能扬长避短，获得最佳的发展。"②

由此可见，因材施教的核心内涵在于教育必须顺应学习者的先天禀赋差异，根据学习者的兴趣特长和个性品质施加差异化的教育影响，针对学习者的才性和专长为他们量身定制发展目标，使学习者能够各就才性，各务专长，获得差异化的最佳发展。

（一）因材施教是教育本质的必然要求

《中庸》开篇即开宗明义地提出："天命之谓性，率性之谓道，修道之谓教。"意思是说，人之本性乃由天命得来，率循此性而行便是道，修明此道，教人如何率性尽性，即谓之教。真正的教育，必须依循人的天赋禀性，把人的天赋禀性一一尽量发挥，使之无不达于其极。《中庸》的这个思想与西方关于教育的认识有着异曲同工之妙。教育一词的英文为 Education，它来源于拉丁文 Educare，其本义为"导出"，即对人的身心实施某种引导。人的先天禀赋不尽相同，教育既是导出而非注入，对学习者就不能强制和灌输，也不能"齐步走""一刀切"，而必须顺乎学习者的天性。更具体地说，就是要顺应和依循每一个学习者独特的天赋禀性，采用不同的教学内容、教学方法和教学手段，实施个性化、差异化的教学，因其材而笃之，让每一个学习者的天赋潜能得到充分的生发，同时，扬其长而避其短，长其善而救其失。唯其如此，才能使学习者率性尽性，向好向善，进而直达于至善，获

---

① 张蕾.对因材施教原则的重新审视与再行反思[J].教学与管理，2018（24）：98-100.

② 王道俊，王汉澜.教育学[M].北京：人民教育出版社，1988.

得最佳的发展。

（二）因材施教是学习者身心发展的内在需要

学习者的身心发展受到遗传、环境、教育等诸多因素的影响。教育作为一种特殊的环境因素，本质上属于人的身心发展的外部原因。由于遗传素质、环境条件以及家庭教育的不同，即使年龄相同或相近的学习者，他们的身心发展也具有不同的特点和水平。因此，教师只有从不同学习者的现有身心发展水平和个别差异出发，创设不同的教育情境，提出不同的目标要求，因人设教，因需施教，才能不断激起学习者身心发展的内部矛盾，并且在这个基础上，通过恰当的教学方式，逐步引导学习者掌握必要的知识技能，形成积极的态度情感，具备正确的价值观念，才能让所有学习者的身心实现最好的发展。

二、了解个体差异[①]

个体差异也称个别差异、个性差异，是指"个人在认识、情感、意志等心理活动过程中表现出来的相对稳定而又不同于他人的心理、生理特点"，它表现在"质和量两个方面"，"质的差异指心理生理特点的不同及行为方式上的不同，量的差异指发展速度的快慢和发展水平的高低"[②]。

一般来说人的心理活动或行为特点的方方面面都存在着个体差异。正是由于这种"全面"的差异性才使得人与人之间各有千秋，千差万别。但另一方面，个体差异又是有限的，人与人之间，特别是教育教学情景中学习者与学习者之间只是在部分心理特征上有明显的或根本的差异。心理学家、教育学家和教学工作者只关心或关注部分主要的个体差异变量。那么究竟哪些心理特点或个体特征是主要的个体差异变量呢？或者具体说哪些是影响教育教学特别是影响学习的个体差异变量呢？

---

① 许洁英.如何对待教学中学生的个体差异——从适应到超越[J].课程·教材·教法，2006（7）：26-30.

② 朱智贤.心理学大词典[Z].北京：北京师范大学出版社，1989.

（一）能力的个体差异

能力是人顺利完成某种活动直接影响活动效率的心理特征之一，它具有多种因素的复杂结构。要顺利完成某项活动必须具备多种能力，而这些不同的能力往往又是融为一体的多种能力的综合，称为智能。由于能力是一种外显的、对活动或工作任务具有直接影响的特征，因此被认为是最主要、最明显的个体差异变量。

能力的个体差异有着不同的表现，其中最为主要的是量、质和发展三个方面。量的方面主要表现在能力的高低之别，即能力发展水平的差异；质的方面主要表现为在相同的活动中或相同的成就中，不同的人可能用不同的能力或不同的能力组合来完成活动或取得成就，即能力类型的差异；从发展的特点来看，有些人能力的发展较早，有些人则较晚，即能力发展早晚的差异。

（二）思维的个体差异

思维是人脑对客观事物的本质和事物内在的规律性关系的概括与间接的反映，是个体最重要的心理特征之一。人类的思维，就其发生和发展来看，既服从于一定的共同规律，又表现出人与人之间的个体差异。因此，思维也被心理学家、教育学家看作是一个重要的个体差异变量。

思维的个体差异，主要表现在思维的品质上，即思维的敏捷性、灵活性、深刻性、独创性和批判性。也就是说，思维的品质就是思维活动中表现出来的个体差异。

（三）兴趣的个体差异

兴趣对人的行为具有重要的驱动、定向、维持和激励作用，特别是在教育教学活动中，它是影响教育教学效果的重要因素之一。不同的兴趣往往会导致不同的行为，产生不同的结果。兴趣的个体差异主要表现为兴趣发展水平上的个体差异、兴趣品质上的个体差异和兴趣稳定性上的个体差异。

（四）性格的个体差异

性格是个人稳定的态度体系和相应习惯了的行为方式的结合，是个体在社会化过程中逐步形成的稳定的个体特征。由于它是个性心理特征中的核心部分，因而也是最重要的个性差异变量之一。性格的个体差异主要表现在以下几个方面：不同个体对现实的态度不同，存在着差异；不同个体在活动过程中意志力的表现不同，存在着差异；不同个体在活动中的情绪情感反应不同，存在着个体差异；不同个体在活动中的理智不同，也存在着个体差异。上述四方面既相互独立又共同作用，从而使每个人打上了明显的个体烙印。

（五）气质的个体差异

气质是个体心理活动稳定的动力特征。主要表现在心理过程的强度，如情绪的强弱、意志努力的大小、心理过程的速度和稳定性，以及心理活动的指向性等。气质是主要的个体差异变量之一，它使个体的整个心理活动都有个人独特的色彩，显示出不同的动力特点。通常，气质可以分为四种主要的、典型的类型，即多血质、胆汁质、黏液质和抑郁质，不同的气质类型具有不同的特点。大多数人由于其先天的遗传，特别是神经活动类型的不同，以及后天的环境影响等，形成了不同的气质特点，属于不同的气质类型。

近年来，关于个体差异的研究仍然是心理学、教育学中的一个热点问题，学习风格、内部动机、认知方式等个体差异变量逐渐受到人们的重视。

三、因材施教的三个实施策略[①]

因材施教如此重要，那么在实际的教育教学中应如何运用这一原则呢？培训师可以从以下三个方面着手。

（一）给予学习者充分的学习自由

因材施教的落实需要培训师在教学的过程中做好引导，激发学习者的能动性。而学习者能动性的发挥，需要培训师给予他们充分的学习自由。这正如埃德加·富尔所说："我们应使学习者成为教育活动的中心；随着他的成熟程度允许他有越来越大的自由；由他自己决定他要学习什么，他要如何学习

---

① 罗祖兵，程龙.基于结果的因材施教及其实现[J].全球教育展望，2015，44（3）：12-18.

及在什么地方学习。"① 给予学习者充分的学习自由,不仅意味着允许学习者选择自己喜欢的学习方式,而且允许学习者选择自己喜欢的内容进行深入学习。学习者只有经过内心的自由选择,做出符合自身实际的决定,才可能获得适合自己的发展结果。

培训师给予学习者学习的自由是建立在对学习者的了解和信任的基础上,因此培训师要相信每一个学习者,鼓励学习者选择适合自己的学习方式,朝着目标不断努力。诚如罗杰斯所说:"如果我们相信每个人都有发展他自己潜力的能力,那么我们就会允许他有选择他自己的学习方式的机会。"② 因材施教不仅承认每一个学习者的能力,而且相信在培训师的引导下,每一个学习者都会按照自己的学习方式获得发展。

培训师给予学习者充分的学习自由并不意味着对学习者放任不管,任其自流。培训师应该发挥自己引路人的作用,帮助学习者认识自己,设立一个适合自己的奋斗目标。学习者在自由的学习环境中朝着适合自己的目标努力会取得事半功倍的效果。

(二)促进学习者优势潜能的发展

因材施教最基本的要求是教师要根据学习者的"材"去进行"教"。因此,要求教师在教之前,必须要了解学习者。在了解学习者的基础上,才能根据每一个学习者的特点"对症下药"。培训师要想了解每一个学习者的优势潜能,必须对学习者进行长期的观察。客观、全面地认识学习者是基于结果的因材施教有效落实的前提条件。

每一个学习者具有不同的优势潜能,教育主要不是促进每个方面的潜能都达到高水平发展,而是促进学习者优势潜能的充分发展。培训师应该培养学习者在自己优势的领域能够"独当一面"的能力,而不是停留在表面上的"面面俱到"。

---

① 联合国教科文组织国际教育发展委员会.学会生存[M].北京:教育科学出版社,1996.
② 罗杰斯.学会自由[M]//瞿葆奎.教育学文集·教学(上).北京:人民教育出版社,1988.

（三）建构个性化的评价制度

要确保因材施教的实现，必须建构个性化的教育评价制度。《基础教育课程改革纲要（试行）》指出："评价不仅要关注学生的学业成绩，而且要发现和发展学生多方面的潜能，了解学生发展中的需求，帮助学生认识自我，建立自信。"[1]因材施教的落实需要我们尊重差异，形成一种个性化的评价。"教育工作者要承认和重视青少年的个性差异，从不同学生的不同特点出发，因材施教，使他们按照不同的途径和方式找到自己个性才能发展的独特领域，各自达到能达到的发展水平，发现自我存在的价值，把握获得成功的尺度。"[2]基于结果的因材施教允许学习者在自己个性才能的领域取得高深发展，而不是以各方面都好去评价、要求每一个学习者。

教育评价促使学习者在自己擅长的领域自由翱翔，而不是让学习者在自己不擅长的方面"死死挣扎"。因此，培训师在进行评价时需要尊重个性，不同的学习者，配以不同的评价维度与尺度，尤其要关注学习者那些与众不同的才能。

---

① 中华人民共和国教育部 . 教育部关于印发《基础教育课程改革纲要（试行）》的通知［EB/OL］.（2001-06-08）［2022-08-01］.http://www.moe.gov.cn/srcsite/A26/jcj_kcjcgh/200106/t20010608_167343.html.

② 陈学法 . 个性培养与素质教育［J］. 教育研究，1998（3）：40-44.

第五章

教 学 评 价

　　教学评价是社会培训中一个重要的环节，它是依据一定的标准对教学行为、教学效果进行的价值判断。其目的是通过评价把握教学方向，调整教学策略，优化教学过程，促进教学质量的提高和教师专业化的发展，具有诊断、激励、调控、教学等多方面价值。[①] 在本章的学习中，我们将从理解教学评价的内涵开始，把握教学评价的功能，理解教学评价的分类，充分奠定教学评价的理论基础。并沿着实践路径，选择教学评价模型、确定教学评价方法、开发教学评价工具、撰写教学评价报告，真实还原社会培训过程中教学评价工作的实施步骤。

---

① 张祖忻，章伟民，刘美凤，等.教学设计——原理与应用[M].北京：高等教育出版社，2011.

章框架

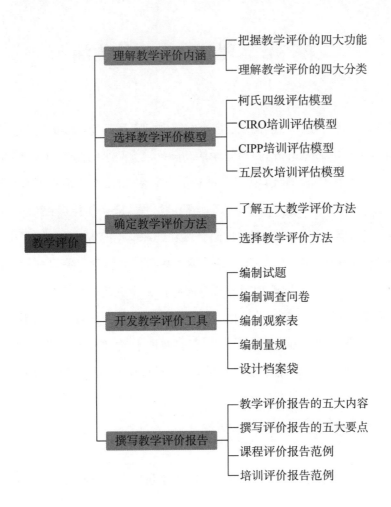

第一节　理解教学评价内涵

评价是一种价值判断的活动，是对客体满足主体需要程度的判断。教学评价（Instructional Evaluation）是对教学活动满足社会与个体需要的程度做出判断的活动，是对教学活动现实的（已经取得的）或潜在的（尚未取得但有可能取得的）价值做出判断，以期达到教学价值增值的过程。布鲁姆指出：教学评价是一种为确定学习者水平和教学有效性而获取和处理证据的方法；包括了比一般期末书面考试更多类型的证据；是简述教育终极目的和教学任务目标的一种辅助手段，是确定学习者按这些理想方式发展到何种程度的一个过程；作为一种反馈——矫正系统，用于在教学过程中的每一步骤上判断该过程是否有效，如果无效，必须及时采取变革，以确保过程的有效性；作为教育研究和实践中的一种工具，用于验明在达到一整套教学目标时，可供选择的程序是否同样有效。[1]

一、把握教学评价的四大功能

教学评价对提高教和学的效果具有明显的促进作用，具体来说具有四大功能。

（一）诊断功能

评价是对教学结果及其成因的分析过程。全面的评价工作不仅能评估学生的学习结果，而且能诊断分析不同方面的影响因素，如学校、家庭、社会和个人等方面。就学生个人而言，主要是受智力因素还是非智力因素的影响，抑或

---

[1]　B.S.布鲁姆，等.教学评价［M］.邱渊，王钢，夏孝川，等译.上海：华东师范大学出版社，1987.

两者兼而有之。教学评价如同体格检查，是对教学现状进行一次严谨的科学诊断，以便为决策或改进指明方向。

（二）激励功能

评价对教学过程有监督和控制作用，对教师和学习者则是一种促进和鼓舞。通过评价反映出教师的教学效果和学习者的学习效果。经验和研究都表明，在一定限度内，经常进行记录评价的活动对学习者的学习动机具有很强的激发作用。这是因为，较高的评价能给教师和学习者心理上的满足与精神上的鼓舞，可激发他们向更高目标努力的积极性。即使评价结果较低，也能催人深思，激起师生奋进的情绪，使之转化为教与学的动力。

（三）调控功能

评价的结果信息可以使教师及时知道自己的教学情况，也可以使学习者得到学习成功或失败的体验，从而为师生调整教与学的行为提供客观依据。教师据此修订教学计划、改进教学方法、完善教学指导，学习者据此变更学习策略、改进学习方法、增强学习的自觉性。教学评价有利于使教学过程成为一个能随时得到反馈调节的可控系统，使教学活动越来越接近预期的目标。

（四）教学功能

评价本身就是一种教学活动。在这种活动中，学习者的知识、技能将获得增长，甚至产生飞跃。例如，活动展示环节也是一种重要的学习经验，它要求学习者事先对活动过程进行梳理、总结和归纳，事后通过他人反馈进行修正、改善。同时，教师可以在估计学习者水平的前提下，将有关教学内容用具体要求呈现，使评价活动包含有意义的启示，让学习者举一反三，获得新的经验或达到更高的教学目标。

二、理解教学评价的四大分类 [①]

依照不同的标准，可对教学评价做不同的分类。例如，按评价基准的不同，

---

① 游海．高校精品课程建设与质量考核评估实用手册（中）[M]．宁夏：宁夏大地出版社，2003.

可分为相对评价、绝对评价和自身评价；按评价内容的不同，可分为表现性评价和成果性评价；按评价表达的不同，可分为质性评价和量性评价；按评价功能的不同，可分为诊断性评价、形成性评价和总结性评价。

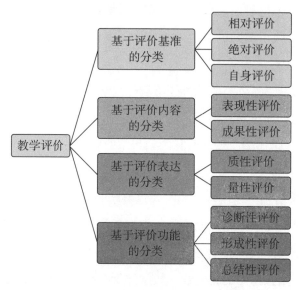

图 5-1　教学评价的分类

（一）相对评价、绝对评价和自身评价

相对评价就是在被评价对象的群体中建立基准，然后把各个对象逐一与基准进行比较，来判断群体中每一位成员的相对优劣。对学习成绩的评定通常是以群体的平均水平为基准，以个人成绩在这个群体中所处的位置来判断。为相对评价而进行的测验一般称为常模参照测验，其试题取样范围广泛，命题方式直接明确，测验成绩表明学习者学业的相对等级。由于所谓的常模实际上是学习者群体的平均水平，所以这种测验的成绩自然形成了正态分布。相对评价的优点是适用面广，甄别性强。无论学习者群体的整体水平如何，都可以比较出优劣。其缺点是，基准会随着群体的不同而发生变化，因此评价标准容易偏离教学目标。

绝对评价是将教学评价的基准建立在被评价对象的群体之外，把群体中每一成员的某种指标逐一与基准进行对照，从而判断其优劣。评价的标准一般是教学大纲以及由此确定的评判细则。为绝对评价而进行的测验一般称为标准参照测验。它的试题取样就是预先规定的学习目标，测验成绩表明教学目标的达成程度，所以这种测验的成绩分布通常是偏态的。绝对评价的优点是评价标准比较客观，如使用得当可使每个被评价者都能看到自己与客观标准之间的差距，找到努力的方向。教学管理者通过这种评价，可以了解各项教学目标的达成情况，明确以后的工作重点。其缺点是在制定和掌握评价标准时容易受评价者的原有经验和主观意愿的影响。

自身评价是将被评价个体的过去和现在做比较。如对学习者的写作能力进行前后期比较；或者是对学习者的若干方面进行比较，如对写作能力、阅读能力和口头表达能力做横向比较。自身评价的优点是尊重个性特点，照顾个别差异，通过对学习者自身各个阶段或各个方面进行纵、横比较，判断其学习现状和趋势。但由于被评价者没有经过与具有相同条件的其他学习者做比较，难以判定他的实际水平和差异。因此，在实践中通常需要把自身评价和相对评价结合使用。

表5-1 相对评价、绝对评价、自身评价的比较

种类	相对评价	绝对评价	自身评价
含义	在被评价对象的群体中建立基准，然后把各个对象逐一与基准进行比较，来判断群体中每一成员的相对优劣	将教学评价的基准建立在被评价对象的群体之外，把群体中每一成员的某种指标逐一与基准进行对照，从而判断其优劣	将被评价个体的过去和现在做比较；或者是对他的若干方面进行比较
功能	甄选性强，是选拔人才、分类排队的依据	宜用于毕业考试和合格考试	评价个体内部的差异
特点	常模参照性评价	目标参照性评价	纵向评价／横向评价
优点	适用面广，甄别性强	评价标准比较客观	尊重个性特点，照顾个别差异
缺点	基准会随着群体的不同而发生变化，评价标准因此容易偏离教学目标	在制定和掌握评价标准时，容易受评价者的原有经验和主观意愿的影响	被评价者没有经过与其他学生做比较，难以判定他的实际水平和差异
举例	水涨船高；山中无老虎，猴子称霸王	合格证的考试、毕业考试	个体写作能力、阅读能力和口头表达能力的比较

（二）表现性评价和成果性评价

表现性评价主要是检查用于达到目标的方法和手段。通过观察、记录和分析学习者的行为、技能等方面的表现来进行评价。因此，表现性评价往往是在教学过程或教学设计过程中进行的，倾向于发挥形成性评价的功能，但也起到对时间、费用、学习者接受情况等方面的总结性评价的作用。

成果性评价是对计划实施后的成果进行检查。它倾向于发挥总结性评价的功能，但也可为形成性评价提供信息。

表 5-2　表现性评价和成果性评价的比较

种类	表现性评价	成果性评价
含义	主要是检查用于达到目标的方法和手段	对计划实施后的成果进行检查
价值取向	采取过程性与目标性并重的取向	目标取向
评价内容	主张对学习的动机态度、过程和效果进行三位一体的评价	智能领域和动作技能领域的内容，主要是具体的知识和技能
评价方法	支持对学习成果进行"量化"的测量，同时倡导而且更加重视"质性"的方法	倾向于量化的评价工具
评价功能	倾向于发挥形成性评价的功能，但也起到总结性评价的作用	注重评价的诊断作用
评价主体	主张评价主体和客体的整合，通过师生共同参与判断学习过程中的成果价值	学习者只是被评价的客体，是被动的

（三）质性评价和量性评价[1]

质性评价主要对评价资料进行"质"的分析，是运用分析与综合、比较与分类、归纳与演绎等逻辑分析的方法，对通过自然的观察和调查等途径所获得的

---

[1]　胡兴昌，李新国.中学科学教学设计［M］.北京：科学出版社，2014.

数据和资料进行思维加工。分析的结果有两种：一是描述性材料，其数量化水平较低甚至毫无数量概念；另一种是与量性分析相结合而产生的，包含数量化但以描述性为主的材料。一般情况下，质性评价不仅用于对成果的检验分析，更重视对过程和要素相互关系的动态分析。它能比较全面、充分地揭示和描述评价对象的各种特质，以彰显其中的意义。

量性评价则是从"量"的角度，将教学现象简单化和数字化，通过一系列数据来表明评价对象的状态，并运用统计学方法，从复杂的数据中总结出规律性的结论。由于教学涉及人的因素，各种变量及其相互作用极其复杂，因此为了揭示数据的特征和规律，量性评价的方向、范围必须由质性评价来规定。质性评价和量性评价互为补充，相得益彰。

表5-3 质性评价和量性评价的比较

种类	质性评价	量性评价
含义	运用分析与综合、比较与分类、归纳与演绎等逻辑分析的方法，对通过自然的观察和调查等途径所获得的数据、资料进行思维加工	将教学现象简单化和数字化，通过一系列数据来表明评价对象的状态，并运用统计学方法，从复杂的数据中总结出规律性的结论
评价结果	以描述性材料为主	从数据中得出结论
评价内容	成果的检验分析，对过程和要素相互关系的动态分析	倾向于对成果的检验
优点	深入全面灵活	客观公正
缺点	容易受研究者主观因素影响	容易受实验预期影响

（四）诊断性评价、形成性评价和总结性评价[①]

诊断性评价也称前置性评价，一般是在教学活动开展之前，对学习者的知识、技能、智力和体力等状况进行摸底测试，以便了解学习者的实际水平和准备状况，判断其是否具有实现新的教学目标所必需的基本条件，为教学决策提

---

① 何克抗.教学系统设计[M].北京：北京师范大学出版社，2002.

供依据，使教学活动适合学习者的需要和背景。教学中的"诊断"是一个范围较大的概念，除了验明缺陷和问题外，还包括对各种优点和特殊才能禀赋的识别。因此，诊断性评价的目的是设计出可以满足不同起点水平和不同学习风格的学习者所需的教学方案，并分别将学习者置于其最合适的教学程序中。

形成性评价是在教学活动的过程中，为使活动效果更好而不断进行的评价。它能及时了解阶段教学的结果和学习者学习的进展情况、存在问题等，以便及时反馈、及时调整和改进教学工作。这种评价进行得比较频繁，如一个知识点后的提问、练习等。它一般又是绝对评价，即着重于判断前期工作的达标情况。

教学设计活动中进行的评价主要是形成性评价，如对新的教学方案做评价通常是在该方案的试行过程中进行的，目的是为修改该方案收集有力的证据。对于提高教育质量而言，重视形成性评价比总结性评价更有实际意义。

总结性评价又称后置性评价，一般是在教学活动告一段落时，为把握活动最终效果而进行的评价。用于校外教学的总结性评价一般指学期末或学年末进行的项目展示报告等活动，目的是检验学习者的学业是否达到了教学目标的要求。总结性评价注重的是教与学的结果，借以对被评价者所取得的主要成果做出全面鉴定，区分等级，对整个教学方案进行价值判断。

表5-4　诊断性、形成性和总结性评价的比较[①]

种类	诊断性评价	形成性评价	总结性评价
主要作用	查明学习准备和不利因素	确定学习效果	评定学业成绩
主要目的	合理安置学习者；考虑区别对待；采取补救措施	调整教学方案，改进教学过程	证明学习已达到的水平；预言后续教程中成功的可能性
评价重点	素质、过程	过程	结果

① 施良方，崔允漷.教学理论：课堂教学的原理、策略与研究［M］.上海：华东师范大学出版社，1999.

（续表）

种类	诊断性评价	形成性评价	总结性评价
评价手段	测验、学籍档案和观察记录分析	经常性检查、作业、日常观察	考试、活动展示
测试内容	预备知识和技能的样本；学习者生理、心理和环境的样本	课题和单元目标样本	课程和教程目标的广泛样本
试题难度	较低	依教学任务定	中等
分数解释	常模参照、标准参照	标准参照	常模参照
实施时间	课程或学期、学年开始时；教学进程中需要时	课题或单元教学结束后；经常进行	课程或一段教程结束后；一般每学期1到2次
主要特点	—	"前瞻式"	"回顾式"

第二节　选择教学评价模型①

　　20世纪中期，相关领域的学者开始关注教学评价的模式。这些评价模式对教学设计者开展评价工作产生了深远的影响。如，对学校教育影响较大的有斯图弗莱比姆（D.L.Stufflebeam）提出的CIPP模式；对企业培训影响较大的有柯克帕特里克（D.L.Kirkpatrick）提出的四级评价模式等。②

---

①　课思课程中心.培训运营体系设计全案［M］.2版.北京：人民邮电出版社，2018.

②　R. A. 瑞泽，J. A. 邓普西.教学设计和技术的趋势与问题［M］.王为杰，等译.2版.上海：华东师范大学出版社，2008.

一、柯氏四级评估模型 ①

根据柯克帕特里克模型,可将培训效果的评估划分为四个级别,分别为反应评估、学习评估、行为评估和结果评估。这四级之间不是一种并列的关系,而是层层递进的关系,当从一个级别进入另一个级别时,评估的程序和内容都会变得更加复杂。

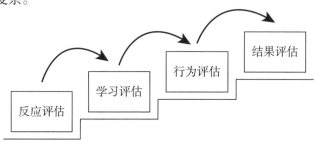

图 5-2　柯氏四级评估模型

(一)反应评估

第一级评价是要确定学习者对自己所参与的培训活动的反应或态度,主要采用问卷调查的方法来了解学习者的真实反应,为培训管理提供信息。调查可在项目开始前进行,以了解学习者对项目的期望;也可在实施过程中进行,以对项目进行及时调整;还可以放在项目结束之后,以确定项目是否对学习者的动机产生影响。

这一级评价所收集的数据不局限于学习者对培训的总体反应,如对这次培训是否满意;也可收集有关项目的具体构成要素的详细信息,如教学人员、学习主题、课程材料、培训方式、时间安排、设备环境等。问卷中最好包含开放性题目和封闭性题目,前者如"你认为此项目最主要的两点不足是什么?"(被调查者用自己的话回答),后者如"此项目所安排的学习内容与本人的日常工作关系密切"(选项为"非常赞同""赞同""不赞同""非常不赞同")。

---

① 何克抗.教学系统设计[M].北京:北京师范大学出版社,2002.

表5-5　反应层面评估一览表

评估内容	实施方法	优势	劣势	改进策略
评估受训学员对培训计划的总体印象，是对培训内容、讲师、教学方法、材料、设施、场地、报名程序等的评估	问卷调查、小组座谈；常运用四分法（极好、好、一般、差）或五分法（极好、很好、好、一般、差）进行评估	容易开展，是最基本、最普遍的评估方式	会出现以偏概全、主观性强、不够理智的情况	强调评价的目的，要求全员配合；将课程评价与讲师评价区分开；结合使用问卷、面谈、座谈等方式；学员自我评价

（二）学习评估[1]

第二级评价旨在确定学习者在培训中具体学到的知识、技能和态度。这一级评价通常是在培训之后马上进行的标准参照测试，其结果还能作为早期预警来促进对培训方案的调整。

评价可以采用"前测—后测"设计，它包括针对学习者的预期学习结果的一套前测试题和一套后测试题。这两次测试成绩的差别能证明培训所产生的效果，并判断出学习提高的程度。除书面的认知能力测试外，对于一些程序性技能的评价，还应增加实际操作能力测试，如邀请有经验的专家根据他们的观察，在相关的技能评价表上记录、评分，并写下评语，对学习者的整体熟练程度做出总结性评价。

表5-6　学习层面评估一览表

评估内容	实施方法	优势	劣势	改进策略
评估学员掌握了多少知识和技能。这是最常见、最常用的一种评估方式	在反应层面的基础上，要求运用所学的知识解答试题；进行现场操作；对专业性岗位课程，要求学员提出改善方案并执行	能让学员感受到压力，使他们更认真地学习；也能让讲师感受到压力，使他们更负责、更精心地准备培训课程及内容	压力大，可能导致报名不太踊跃；评估之前可能会让学员知晓某些事情	针对不同的培训课程采用不同的评估方法

① 张祖忻，章伟民，刘美凤.教学设计——原理与应用[M].北京:高等教育出版社,2011.

（三）行为评估①

第三级评价的目的是确定学习者通过培训以后是否改进了自己在日常工作中的行为表现。如果没有这种学习的迁移，在培训上的投入就不能产生具有真正意义的结果。培训部门一般通过追踪评价，确定学习者已经将新学的知识、技能和态度运用于自己的实际岗位工作中。为此，培训管理者通常需要与学习者、其领导和同事进行联系，使用回顾性调查方法来测量培训的迁移。回顾性调查包括在培训活动结束几周或几个月后对上述人员进行访谈或问卷调查，以了解和测量学习者在实际工作中应用新学知识、技能、态度的频率和效果。与在培训时进行的评价相比，这一级评价较难开展，但其结果对决策者非常重要，即如果没有出现迁移，就不可能有第四级的结果，而这恰恰是最初决定开展培训的主要目的。

表5-7　行为层面评估一览表

评估内容	实施方法	优势	劣势	改进策略
主要评估受训学员在培训结束后的跟进过程，以及在工作行为和在职表现方面的变化	观察；对主管、同事、下属、客户进行评估；学员自我评估。这些评估需要借助评估表	可直接反映培训课程的效果；讲师可获得学员的支持	比较耗费时间和精力；问卷比较难设计；需要占用相关人员较多的时间，并且不容易得到学员的配合；学员的行为易受其他因素的影响	选择适合进行行为评估的课程；选择合适的评估时间；充分利用专业讲师和咨询公司的力量

（四）结果评估②

第四级评价是为了确定培训是否达到最终的成效，包括有效的投资回报和影响组织绩效的任何结果。以企业培训为例，通常希望获得的结果有产量增加、产品质量提高、生产成本下降、利润增长、人际关系改善、组织文化得到发展、员工积极性和满意度提升、劳动事故和资源浪费减少等。诸如此类的结果

---

①② 张祖忻, 章伟民, 刘美凤. 教学设计——原理与应用［M］.北京: 高等教育出版社, 2011.

多为延时效果，即它们会在培训活动结束一段时间后才得以显现。要证实学习者的行为表现与整个组织的绩效之间的因果关系不太容易，培训投资回报的分析方法也很难操作，因为除了培训之外还有许多其他因素也影响着第四级的成效。但从长远来看，学习者通过培训所获得的能力和形成的态度终将推动组织向前发展。

表 5-8 结果层面评估一览表

评估内容	实施方法	优势	劣势	改进策略
上述三级变化对企业发展带来的可见的、积极的作用；培训是否对企业的经营结果产生了直接的影响	通过企业制定的指标来评价，如事故率、次品率、生产率、员工流动率及客户投诉率	详细的、令人信服的调查数据，能够消除高层领导对培训的疑虑，将有限的培训费用投到最能为企业创造经济效益的课程上来	需要时间，在短期内很难得出结果；简单地对比数字意义不大	必须取得管理层的合作，拿到培训以前的相关数据；分辨哪些结果与要评估的课程有关联，并分析在多大程度上有关联

评价者可以根据自己所面临的实际情况，或系统地运用这个四级评价模式，或选用其中的若干做法。该模式既可用于形成性目的，也可用于总结性目的，即其结果能用来为改进培训项目提供形成性的信息，也能用来对培训项目做出总结性的判断。

二、CIRO 培训评估模型[①]

CIRO 由该模型中四个评估阶段的首字母组成，即背景评估（Context Evaluation）、输入评估（Input Evaluation）、反应评估（Reaction Evaluation）、输出评估（Output Evaluation）。该模型属于过程性评估模型。

---

① 课思课程中心.培训运营体系设计全案［M］.2 版.北京：人民邮电出版社，2018.

表 5-9　CIRO 评估模型说明表

阶段评估	阶段评估任务	阶段评估任务说明
背景评估	确认培训的必要性	（1）收集和分析相关人力资源开发的信息 （2）分析和确定培训需求与培训目标
输入评估	确定培训的可能性	（1）收集和汇总有价值的培训资源信息 （2）评估和选择培训资源——对可利用的培训资源进行分析 （3）确定人力资源培训的实施方法
反应评估	提高培训的有效性	（1）收集和分析受训学员的反馈信息 （2）改进企业培训的运作流程
输出评估	检验培训结果	（1）收集和分析与培训结果相关的信息 （2）评价与确定培训结果，即对照培训目录来检验、评定培训结果是否真正有效或有用

三、CIPP 培训评估模型 ①

该模型的名称是背景（Context）、输入（Input）、过程（Process）、成果（Produce）的英文首字母组合。它们可以被看作评价的 4 个步骤，也可以被看作评价的 4 个组成部分。它们可以在教学项目设计综合评价中全部进行，也可以单独进行。

背景评价要求对教学改革的环境进行评价，以确定革新的需要和目标，以及影响革新成功的环境因素。环境分析类似于需要评估，它有助于项目规划的决策，强调评价者在设计项目的开始阶段就要参与其中，帮助开展需要评估，解释评估结果。

输入评价主要针对可用于开发和实施设计项目的资源。这类评价能够考察

---

① 课思课程中心 . 培训运营体系设计全案［M］. 2 版 . 北京：人民邮电出版社，2018.

在项目运行过程中会发生什么事情或应该发生什么事情，对进行设计项目架构的决策特别有帮助。

过程评价类似于形成性评价，主要用于考察设计项目开发的方式、实施的方式、项目是否遵循了法律法规和观念准则、其最初的成果以及需要进行的修改等。这类评价所收集的数据可以使设计组成员知悉项目的现状和修改的方向，有助于他们做出实施的决策。

成果评价则如同总结性评价，主要评价设计成果在预设的环境中是否产生了预期的结果。它包括详述项目的结果、测量在项目目标中说明的结果、确定非预期的结果、评估项目的优点、分析成本—效益或投资回报。这类评价在进行总结性评价决策中，如验明项目价值等，特别有用。

CIPP 评估模型是将培训项目本身作为一个对象进行分析，它强调评价在各个阶段的应用，目的是及时发现并解决问题。该模型也属于过程性评估模型。[1]

表 5-10 CIPP 评估模型说明表

阶段评估	阶段评估说明
背景评估	该阶段评估的主要任务是确定培训需求及培训目标，具体包括了解相关环境、分析培训需求、鉴别培训机会及制定培训目标
输入评估	该阶段评估的主要任务是评估培训资源和培训项目，具体包括收集培训资源信息、评估培训资源，以及评估项目规划是否有效地利用了资源、能否达到预期目标、是否需要外部资源的帮助
过程评估	该阶段主要是通过评估为实施培训项目的人员提供反馈信息，使他们能在后续的培训过程中进行改进和完善
成果评估	该阶段主要是对培训是否达到预期目标进行评估，具体包括学员的满意度、知识和技能的增加、行为的改善及个人和组织绩效的提高

CIPP 评估模型具有全程性、过程性及反馈性三大显著特点。

---

[1] 张祖忻，章伟民，刘美凤．教学设计——原理与应用［M］．北京：高等教育出版社，2011.

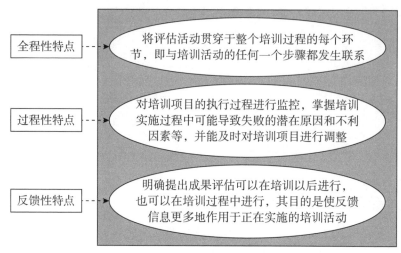

图 5-3　CIPP 评估模型的特点

四、五层次培训评估模型①

考夫曼扩展了柯氏四级评估模型，他认为培训能否成功关键在于培训前对各种资源的获取。因此，他在模型中加上了对资源获得可能性的评估，并将其放在模型的第一个层次上。

考夫曼还认为培训所产生的效果不应该仅仅对企业有益，它最终会作用于企业所处的环境，从而给社会带来效益。因此，他又加上了对社会和客户的反应进行评估，从而形成了五个层次。

表 5-11　考夫曼五层次评估模型

评估层次		评估内容
1	可能性和反应评估	可能性因素说明的是针对确保培训成功所必需的各种资源的有效性、可用性及质量等问题
		反应因素旨在说明方法、手段和程序的接受情况和效用情况

---

① 韩伟静，滕晓丽 . 培训运营体系设计全案［M］. 北京：人民邮电出版社，2014.

（续表）

	评估层次	评估内容
2	掌握评估	用来评估学员的掌握能力情况
3	应用评估	评估学员在接受培训后，其在工作中知识、技能的应用情况
4	企业效益评估	评估培训项目对企业的贡献和效益情况
5	社会效益评估	评估社会和客户的反应情况

第三节　确定教学评价方法

教学评价方法又可称为教学评价工具，当确定教学评价模型后，需要选择适当的工具方法来进行教学评价。合理的教学评价方法的选择可以让评价结果更加客观准确，同时能够更大程度地发挥教学评价的作用，达到优化教学的效果。

一、理解五大教学评价方法[①]

社会培训成果的评价主要有测验、调查、观察、量规、档案袋几种方法，它们也是教学活动中其他类型评价的主要工具。

（一）测验

测验用于对学习者学习结果的评价，并据此说明教学设计成果的效用，发现其不足之处。测验形式通常分为供答题（主观题）和选答题（客观题）两大

---

① 张祖忻，章伟民，刘美凤．教学设计——原理与应用［M］．北京：高等教育出版社，2011.

类。供答题要求学习者对规定的题目，根据自己掌握的知识自由作答，具体有命题作文、问答题、填充题和演算题等。选答题是指要求学习者在题目所附带的两个或两个以上答案中挑选正确答案的测验题，具体有是非选择题、多项选择题、配对题和组合题等。这两大类测验题各有利弊并恰成互补。在评价较低层次的知识记忆、一般理解和判断能力方面，选答题比供答题效率高；在评价较高层次的理解能力、归纳和推理能力、组织和表达能力方面，供答题（除填充题之外）比选答题效果好。在编制题目的技巧方面，供答题比选答题容易掌握；在判断和反馈答案的正误方面，选答题比供答题容易处理。因此，在一次测验中，最好包括各类题型，分别发挥它们各自的特长，如可把选答和供答编为一题，即要求学习者在选择了自己的答案后，进一步说明所做选择的理由。

（二）调查

调查是通过预先设计的问题请有关人员进行笔答或口述，从中了解情况，获得所需要的评价资料。通过调查，可以了解学习者的学习兴趣、态度、习惯和意向，以及对教学过程的意见等，从而判断教学设计成果的有效程度。调查的主要形式有问卷和访谈。

问卷是用书面形式进行调查，也称征答。评价者通过分发征答表，要求被调查者填写自己的意见，而后整理分析。其优点是一般不受时间和空间的限制，可以一次性获得较多资料。它可以用无记名方式进行，如被调查者充分理解其意义和保密性，所收集的资料较真实可靠。问卷一般用来获得事实或了解态度。

访谈是评价者当面接触调查对象，用口头形式进行调查，收集资料，因此也称面谈或访问。这种调查形式提问灵活、回答快捷，特别适合调查对象人数较少时采用。访谈调查的内容与问卷调查大同小异。如果访谈不是一对一地进行，而是有几个调查对象同时参加，就成了座谈会。只要组织得好，座谈会可以在较短的时间内得到较多的评价资料，还可以通过与会者的相互启发、相互补充，为深入调查提供线索。但是，评价者注意在座谈过程中要使调查对象都有一定的发言机会。

（三）观察

观察是评价者亲临教学现场，了解教师和学习者开展教学活动的情况与问题。这是一种即时收集反馈信息的方法，收集的资料比较真实可靠。为了更有目的地进行观察和提高观察质量，评价者可以使用专门编制的观察表。为了能反复、仔细地观察有关的行为表现，可以利用摄像机先将教学过程摄录下来，事后再通过播放进行观察，或核对当场观察的记录是否符合真实情况，从而提高评价资料的可靠性。

（四）量规

量规是一种结构化的定量评价工具，意指评价表或评分细则。大多数量规是以二维表格的形式呈现的。从字面上看，量规是一个全新的名词，但其内涵并不是全新的。通常在评价非客观性的试题或任务时，人们经常会自觉不自觉地运用这种工具。例如，在评价作文水平时，往往会分别就内容、结构、卷面等方面所占的分数给予规定，以便有效地进行评价。

量规可以从与评价目标相关的各个方面详细规定评级指标，能够有效降低教学评价的主观随意性。不但可由教师使用，也可让学习者用来自评和互评。如果事先公布量规，还可以对学习者的学习起导向作用。量规是一个真实性评价工具，它是对学习者的作品、成果、成长记录袋或表现进行评价或者等级评定的一套标准。它同时也是一个有效的教学工具，是连接教学与评价的重要桥梁。

量规具有以下特点：量规应当包含影响评价绩效的所有重要元素，并具有"约定性"；量规的评价元素应当根据教学目标需求、学习者认知水平和学习环境特点进行合理设置；量规评价元素的权重设定，应当根据教学目标的侧重点或重要性而有所区别；量规中的评价等级应当是透明的、全面的和描述性的，描述的语言是具体的和可操作的；量规中的每个元素都是不可再分的。

（五）档案袋

档案袋又译为评定包或学档，是按一定目的收集的反映学习者学习过程以及最终成果的一整套材料。这些材料借助信息技术，能够得到很好的组织和管理。档案袋客观上有助于学习者个人的成长，使他们通过自我评价更加积极主动地学习。

档案袋中可包含各种形式的学习材料，如音像资料、图画、文献、计算机课件等，它能使学习者在一段时间后检查自己的成长，从而通过自身努力成为更有见识、更善于反思的评估者。凭借档案袋提供的具体参考资料，教师能辅导和支持学习者达到预期的目标，不仅有利于评价学习者的学习，也有利于教师的反思与提高。

档案袋里是经过精选的、能够反映一学期内所关注的一些问题的作品。评价作品主要是课堂学习的成果，与课堂教学活动密不可分，它真实地反映了学习者的学习过程。档案袋在没有压力和时间限制的情况下，学习者可以利用各种资源和参考资料，与他人合作完成高质量的工作，从而展示学习者的多种技能，如写作、口头表达、图形表达、社会技能和文化意识等。另外，它又真实地记录了学习者的学习过程。档案袋记录的是学习者在不同阶段的不同作品，因此可以通过前后比较看到学习者的成长轨迹。其实档案袋是学习者成长的记录，而且推进了学习者的成长。

二、选择教学评价方法[①]

选择评价方法时应综合情境需求，结合各评价方法的优缺点。五大教学评价方法的优缺点及使用注意事项见表5-12所示。

表5-12 培训评估工具的比较

培训评估工具	优点	缺点	注意事项
测验类（笔试、技能实际操作、案例分析、情景模拟）	可以直接测试参训人员对培训内容的掌握程度	1. 有可能使部分参训人员情绪紧张，不利于正常水平的发挥； 2. 测试的成功并不一定意味着在实践工作中的成功	1. 应针对培训内容与参训人员的特点设计相应的测试内容； 2. 可以考虑将笔试、技能实际操作、案例分析、情景模拟等几种方式一起使用； 3. 最好在培训结束后立即进行

---

① 陈龙海，韩庭卫.企业管理培训训练全书［M］.广州：广东经济出版社，2006.

（续表）

培训评估工具		优点	缺点	注意事项
调查法	问卷调查法	1. 便于全面评估问题； 2. 能够给予填写人足够的时间表达自己对整体培训的意见和建议	如果设计不当或使用时机不合适，容易使其流于形式	1. 问卷设计时要注意必须符合培训的目的； 2. 设计的问卷要充分考虑到各种不同的反应； 3. 采用定性描述与等级打分制相结合的方法设计； 4. 时间控制有度，填写调查问卷的时间应控制在15分钟以内； 5. 鼓励参训人员真实填写； 6. 应在培训结束后立即进行
	访谈法	能克服其他评估方法无法进行双向式沟通的弊端，可以随时根据情况调整访谈的目的和方向，以全面获取所需要的信息	访谈的效果受制于访谈者的技巧与参训人员是否愿意透露真实想法等多种因素	1. 要有明确的访谈目的； 2. 掌握一定的访谈技巧； 3. 通常应作为一种辅助方法应用，而不是唯一的方法
观察法		直观，便于操作	只能提供被观察者的表象，不能揭示深层次原因，主观臆断性强	最好与其他的评估工具配合使用
量规		1. 有效降低教学评价的主观随意性； 2. 减少了教师为学习者作业进行评分的时间，并且使教师更容易向学习者解释； 3. 标准公开化，便于发挥评价的导向功能	1. 评价维度较为局限； 2. 难以深入对个体情况进行评价； 3. 常常需要借助其他评价方法综合使用	1. 要根据教学目标来设计量规的不同准则； 2. 用具体的、可操作的语言，清楚地描述量规； 3. 尽量让学习者参与到设计量规的过程中来； 4. 根据需要选择量规的形式和类型

（续表）

培训评估工具	优点	缺点	注意事项
档案袋	1. 能够提供相对"真实"的信息和证据； 2. 能够提供丰富多样的评价材料； 3. 能开放地、多层面地、全面地评价学习者； 4. 能够针对每一位学习者进行评价，评价具有个性和针对性； 5. 有利于提高学习者的自我反思能力	1. 容易走形式、走过场； 2. 内容太多，难以选择、整理和分析； 3. 主观性太强，很难达到客观、真实； 4. 不适于大班额评价； 5. 工作量太大，教师负担过重	1. 档案袋评价要体现学习者的自主性原则； 2. 档案袋评价是一个连续性的过程，是随着学习的进行逐步展开的； 3. 档案袋评价不仅要评价学习者的学习状况与结果，还要促进学生的成长与发展，使学生养成反思的习惯； 4. 教师在给学生以指导的同时，又不能过分参与指导与评价

第四节　开发教学评价工具 ①

要想实施具有一定信度和效度的教学评价，评价工具的开发是关键。

一、编制试题

测验分为供答题（主观题）和选答题（客观题）两大类。

（一）供答题测验

供答题测验要求学习者对给定的题目，根据自己掌握的知识自由作答。供

---

① 张祖忻，章伟民，刘美凤．教学设计——原理与应用［M］．北京：高等教育出版社，2011．

答题包括的问题有什么事、什么人、什么时候、哪一个、哪个地方，列举，概述；描述，对比，比较，说明，讨论，发挥，总结，评价，等等。供答题测验有 3 种题型，即命题作文、问答题和填充题。

1. 命题作文和问答题

命题作文指对规定的题目通过写文章的形式给出答案。命题作文的体裁有论证文、说明文、实验报告、调查总结等。问答题实际上也是一种命题作文，只是题目涉及范围较小，内容单一，在书写格式方面要求不高。

命题作文和问答题这类题型目前仍在多数学科中得到采用，这是因为它们特别适用于评价学习者认知领域的高层次目标，如应用、分析、综合和评价能力，也有利于测定学习者组织和表达思想的能力。某些命题还能为学习者独立思考和发挥创造性思维提供较大余地，为了解学习者的认知风格和解决问题的策略提供较好的途径。学习者对某专题的论证有较大的发挥余地，可能不全对或不全错，因而能反映答案的正确或错误的不同程度。命题作文或问答题测验也有诸多弊端，主要是试题少、命题范围狭窄，反映学习者成就带有相当的偶然性，难以取得客观的评价资料；评分易受主观因素影响，有些问题难以制定客观的或较具体的评分标准，而一些与测试无关的因素，如学生的文字技巧、对教师观点的重复或赞同，都可能影响评分的客观性。

编写命题作文和问答题，首先要控制试题的难度。由于题目较少，但如难度失当，将影响评价的信度。编题后，可选 2—3 个学习者试用。其次也应控制答题的自由度，对作答提出具体要求，如必须包括的内容、字数的限制等。

2. 填充题

填充题一般要求被试者写出一个数字或符号，或是一个单词、短语或句子，使题目内容的含义得到完整连贯的表达。填充题主要用于考查学习者的记忆情况，有些也适用于测验其判断和理解能力。填充题的优点是命题容易，有助于评价学习目标；覆盖面较广，评分客观；排除利用猜测获取概率分的机会。主要缺点是较难考查学习者的高层次认知能力。

编写填充题应确保各题都能用一个简单的或唯一的词组、单词等进行答题，并必须只能有一个正确答案。编写多空填充题，应显示题意的基本指向和逻辑性，切忌题意支离破碎。

（二）选答题测验

选答题测验要求被试者在若干项答案中找出正确答案。选答题的题型有是非题、多项选择题、配对题等。

1. 是非题

是非题要求学习者判断一个陈述句或一种表达式的是或非、对或错、贬或褒、真或假等，其供选择的答案由一对反义词组成。是非题能方便地用于对知识成果的测量，也能较好地测定学习者的理解能力和逻辑推断能力，例如：

数列 3、4、7、11、18 的下一个数是 29。（是，否）

由于学习者在做是非题时，猜测得分的概率很大，所以在以了解学习达标度为目的的形成性评价中，可以利用倒扣分的方法防止猜题，提高评价的准确性。

编写是非题应确保试题题意是非的单义性。下面是一道题意模棱两可的是非题：

中国最伟大的文学家是鲁迅。（是，否）

是非题也应避免使用双重判断的句子，如下题：

各种维生素在新陈代谢的调节中是起作用的，但是并不提供能量。（是，否）

2. 多项选择题

多项选择题由两部分组成：试题主干，提出一个直接问题或提供一个不完整的陈述句；两个或两个以上的选择项目，其中有一个或一个以上的项目是正确的。多项选择题是用途最广的题型，因为它可以考查各种层次的认知水平，例如：

例1 为便于计算，常常用_____来表示力。

A. 直线

B. 圆圈

C. 圆弧形

D. 三角形

E. 立体物

例 2　一个导体与磁场间的相对运动产生感应电流,该电流建立的磁场的方向与它运动的方向相反。此原理之例见于:

A. 吸引铁钉的磁石

B. 交流电机或直流电机

C. 罗盘指针的运动

D. 电门铃

例 3　游泳池的台阶在接触水面处显得弯曲。下列哪一条是该现象最好的解释?

A. 光在水表面发生斜射

B. 先入水时发生散射

C. 由于光在空气中与在水中的速率不同而发生折射

D. 光在水中不沿直线运动

E. 水中有悬浮粒子

例 4　表述是:热衷诡辩者无一尊重真理。怀疑论者全部热衷诡辩。其结论是:

A. 怀疑论者全部尊重真理

B. 某些怀疑论者尊重真理

C. 尊重真理者无一不是怀疑论者

D. 某些怀疑论者不尊重真理

E. 上述无一适合

编写多项选择题应尽可能使用容易引起迷惑的选项,使并未完全掌握有关知识的学习者感到似乎合理;每题的选项一般不要少于 4 个;试题如要求找出最佳答案,务必做出说明,并使提供最佳答案的项目明确无误。

3. 配对题

配对题将考查内容按其性质分成两组——前提项和选择项。要求学习者按照一定规则,根据前提项和选择项之间的关系,用线条连接。配对题适用于检查学习者对知识的掌握情况,如人名与国名、发明与发明者、事件与年代、事件与场所、名词与定义、原因与结果、物品与用途等；也能用于考查较复杂的理解能力。配对题的前提项和选择项中的任何一项都可能只用一次或用多次，也可能一次也不用，这就要求学习者必须对每一个前提项和选择项都进行单独识别。例如：

将左右有关的两项用线条连接：

《李自成》　　　　　罗贯中

《子夜》　　　　　　施耐庵

《三国演义》　　　　巴金

《家》

编写配对题应注意：使用适当的格式，将同质的各项列于一组；明确前提项与选择项进行组配的基础，如上例中配对的基础是书名与作者；避免前提项与选择项的数量相等。

选答题测验的主要优点包括答案正误明确，能有效排除评分的主观性和不定性；项目简短，在短时间内能解答很多问题，测试范围较宽；把握和调整测验的信度、效度比较容易；学习者通过答案信息的反馈，能较快、较准确地了解自己的错误。其不足之处主要是，在检查学习者的理解、判断、评价、创造能力、思维的组织能力和表达能力方面，不如供答题的命题作文和问答题效果好。选答题测验与供答题测验在很多方面相辅相成。通常的做法是将两种测验结合使用，如要求学习者答完一道选答题后，进一步撰文论证自己选择的依据。

（三）编制测验题

测验题编制通常包括以下5个环节。

1. 制订测验计划

测验计划要确定测验的目的是什么，针对哪些学习目标进行，用哪些测验工具和多少试题对学习者达到学习目标的程度进行测量。为便于编题，一般应将这些内容制成"双向细目表"（或称"两维表"）：一维为学习目标；另一维为各种测验工具。

表 5-13 测验计划表

	工具 1	工具 2	工具 3	……	工具 n	总计
学习目标 1	5		2		10	17
学习目标 2	2	2		5		9
……	10	8	2	20		40
学习目标 n	3		6	5		14
总计	20	10	10	30	10	80
百分比（％）	25	12.5	12.5	37.5	12.5	100
时间（分）	14	4	12	60	30	120

2. 编写试题

编制各类测验题时应做到题目的含义单一明确，题目的词句通俗易懂，题目的表述简明扼要，题目的语法标点规范，题目不提示正确答案的线索。

此外，准备的试题应多于实际需要的数量。

3. 编排试卷

编排试卷的基本要求是使试题有一定的系统性，如把同样的题型归集在一组。此外，应避免将较难的题目放在试卷开头部分。

4. 编写实施说明

这些说明是为测试管理者、被试者和评分者准备的。为管理者编写的说明包括试场要求、试场管理，以及对被试者在试前、试中和试后必须提供的指导和可以提供的指导。对被试者的有关说明包括测试目的、答题规定、时间要求等。对评分者的说明有选答题的正确答案、供答题的评分标准和评分样板，以及如何描述测试结果等。

5. 审核试题

在审题时，教学设计者应和学科专家合作，重点考虑：测验计划方面是否为每个学习目标都提供了充分的、类型合适的试题？试题编制方面，测验是否从学习目标所描述的行为、标准和条件中取样检验？试题是否符合各类题型编写要求？试卷中各种试题的安排是否系统？对学习者和管理者的指导说明是否充分、完整和清晰？是否为评分者提供了明确、详细的评分标准和评分样板？

测验的有效性和可靠性也是试题审核的重点。效度是指测验所测量的内容与该测验所要求测量的内容的相符程度。效度有多种，这里主要介绍内容效度。教学内容与测试内容的一致性愈高，则可认为测试的内容效度愈高，反之亦然。提高测验的内容效度，首先应仔细分析测试内容，根据学习目标写出具体的测验目标，选出一些典型的问题，使之能高度反映要测验的较多内容。一个问题可以测试一个目标，也可能同时测试几个目标。其次，试题设计者应将制定的问题和有关说明请经验丰富的学科教师或专家审定。设计者和审定者对试题适宜与否会有一定分歧，但双方看法如能达到75%一致，一般可认为内容效度令人满意；否则应要求重新检验和修正试题。信度指一个测验工具测量其所要测量的内容的前后一致程度。例如，同一名学习者受试同一测试的两个等值形式后所获得的分数相距甚远，这个测验是低信度的；反之，两个等值形式试后分数相似，这个测验则被认为有较高信度。低信度的测验结果往往会导致错误的评价。

在以下介绍的其他评价工具的编制中，同样应考虑其效度与信度。

如有可能，最后将试题让2—3个学习者试用，然后根据反馈意见再做修正。

二、编制调查问卷

问卷调查在教学评价中应用面较广，是评价教学设计成果最主要的工具。

（一）问卷调查

问卷的题型主要有以下几种。

1. 自由陈述型

它要求被调查者根据问题不受限制地陈述自己的意见，类似测验中的主观题。例如：

本教材应改进的方面有_____。

如教师能做到_____，我学习的信心将更足。

2. 是非型

它类似测验中的是非选择题, 要求被调查者回答是或不是, 例如:

通过这次培训, 我获得了自己需要较长时间摸索才能掌握的技能。(是, 否)

是非型通常和陈述型相结合。如上述是非征答题后, 可以补问:

通过这次培训, 我获得了自己需要较长时间摸索才能掌握的技能。(是, 否)

如果回答"是", 请说明: 你通过这次培训, 掌握的是什么技能?

3. 评等型

评等型题目要求被调查者指明某一事物属于哪一等级。等级数可以有 3 级、4 级、5 级、7 级等。评等型题目适用于评价某事物的程度差异, 当这种差异很难用文字描述时, 尤其适用。其另一个优点是便于后期的资料统计与分析。例如:

这套电视教学节目

对重点	反复强调 5 4 3 2 1 不重复
提示手段	频繁使用 5 4 3 2 1 不使用
修辞手段	频繁使用 5 4 3 2 1 不使用
穿插问题	频繁 5 4 3 2 1 很少
强化或反馈手段	合理使用 5 4 3 2 1 不使用
制作技巧	适合学生年龄 5 4 3 2 1 单调或复杂
主要表现手法	形象化 5 4 3 2 1 单纯讲授
步调	活泼 5 4 3 2 1 沉闷
同龄演员	频繁出现 5 4 3 2 1 不使用
动画	频繁使用 5 4 3 2 1 不使用
总体感受	幽默快乐 5 4 3 2 1 乏味、无吸引力

有时为了让被调查者做出一种倾向鲜明的评价, 评等型的级数常用偶数, 即不提供一个中立的选择, 例如:

4. 排序型

排序型要求被调查者对所列项目按某种关系编排次序,用于对不同质的事物做出主次轻重的评价,例如:

在经历了本次培训后,针对以下所学到的技能,请根据自己的感受,按照习得的程度进行排序(请在括号内填上代表程度的数字,1代表学得最好,数字越大代表学得越差):

( )我学会了如何建立有效的沟通机制

( )我学会了如何获知客户的需要

( )我学会了如何满足客户的需要

( )我学会了如何解决与客户有关的问题

( )我学会了如何与他人建立良好的关系

( )其他1(请用文字说明)

( )其他2(请用文字说明)

5. 多项选择型

它既能同评等型题一样,对事物程度的不同差异做出评价,也能同排序题一样对不同质的事物进行比较。例如:

1. 您最喜欢采用以下哪种方法来学习新知识或新技能?(多选)

A. 由教师或培训师引导的课堂学习,包括讲座、演示、讨论等

B. 在基于工作场所的实际项目中学习

C. 使用基于计算机的学习软件进行自主学习

D. 自己阅读有关参考资料

E. 其他(请列明)

2. 在网络课程的学习过程中,您认为帮助较大的板块是(多选,限选3项):

A. 教材自学

B. 视频或音频讲解

C. 扩展阅读

D. 邮件答疑

E. 即时讨论

F. 在线练习与测试

问卷调查的主要优点是，使用一般不受时间和空间的限制，可重复进行，在短时间内可获得较多资料；调查结果有可能为深入进行科学研究提供重要发现，某些建议可能改变原先的设计思想，产生全新的设计成果；可以了解到用测验或观察难以得到的资料，如态度、自我意识等。使用问卷调查也有局限，例如，由于人际关系和思想观念方面的因素，被调查者可能对所提问题故意回避，或做出不真实的回答；由于对某些用语的不理解，会出现估计作答或答非所问的情况；向陌生人提问，问卷的收集会有一定困难。

（二）编制问卷

问卷的编制通常包括以下 5 个步骤。

1. 制订问卷调查计划

首先要确定调查的问题，并将它们分为若干专题。例如，调查新编教材的使用情况，可以向教师和教学管理者征答的有关专题包括：教材内容与课程的关系；呈示教学内容的形式；学习者使用教材时开展各种学习活动的情况；教学环境和教学时间的安排；使用该教材的师生所具备的经验和兴趣；购买、分发和保存这套教材的可行性；等等。可以向学习者征答的有关专题包括：使用教材的反应（如学习指导、词汇水平和阅读难度、内容组织等方面）；对教材要求掌握的内容和技能的评估；教材各组成部分的关系和适应性；对改进教材的建议；等等。

制订计划时还必须考虑本次调查的重点、问卷的容量、主要采用的征答题类型等。

如调查范围较大，需要由计算机来对全部反馈信息进行归类，在确定问卷的题型时就须考虑答案的编码问题，否则难以对各种各样的反馈信息做出正确辨析和充分利用。因此，在编制调查题目和设想对方可能做出的回答时，应同时考虑如何有利于编码。通常，可以按照前述例子，将"非常赞同""赞同""不赞同""非常不赞同"的答案选项给予不同的代码（即"4、3、2、1"的分值）。

但是，有些选项之间的界限比较模糊，如果不加说明则会令调查对象无从判断。例如，在对一项领导能力的前测问卷中，要求调查对象根据实际工作回答一些突发事件的处理情况，而给出的选项为"从不""很少""有些时候""频繁""经常"5项。这里，即使赋予了不同的分值，作答者一般很难判断一些选项的细微差别，如"频繁"与"经常"等。因此，问卷设计者要在问卷前部告知编码规则，说明答案选项意义上的区别，如"频繁"指一周3—4次，"经常"指一周5次及以上等。

2. 编写征答题

根据以上确定的专题，为每一个专题编写若干征答问题。编写征答题时应注意的是，征答的内容应主题聚焦、具体和客观，以便被调查者可以较快作答；问卷的题目不宜过多、过难，否则会引起被调查者的敷衍、搪塞，或仅凭印象乱答，反而使评价资料失真；问题的词句应简明扼要，不使用多重否定句式和多重复句，不产生歧义，使被调查者容易理解，能够并愿意提供回答或反馈意见；同类型题应有统一规格，即所有多项选择题的选项数保持一致，所有评等型题的级数和方向相同等；避免容易引起联想的用语，不要暗示回答；一次征答，应采用多种题型，但不宜过多使用自由陈述题型。

3. 编排问卷

问卷中的问题排列可先易（如事实型问题）后难（如态度型问题）、先次后主、先一般后特殊、先封闭后开放，并尽可能将同类问题组织在一起，使应答者保持连贯的思维。

4. 编写实施说明

为被调查者准备的使用说明应包括本次征答的目的、如何作答、如何掌握征答时间。为管理者准备的说明应包括对征答时间的要求、征答时的有关指导、征答场所的选择等。为评分者准备的说明应包括对陈述型题进行分析的有关原则、陈述型题反馈意见的分析实例、对测试结果进行整理概述的要求等。

5. 审核问卷

审核时应注意：与征答目的有关的方面是否都列出了专题？专题概括的

范围是否清楚？是否为每一个专题都设计了征答题？征答的反馈能否为每一个专题提供充分信息？是否按有关要求编写征答题？选用的题型是否适用于专题？对征答组织者和被调查者的使用说明是否完整清楚？征答题的顺序是否便于学习者作答？问题之间是否相互干扰？问卷的版面设计是否便于答题？评分是否容易？

在问卷编制完毕，准备投入大规模使用前，有必要进行一次小范围的试用。试用对象可以是被调查群体中的少量个体（2—3人），也可以是该群体之外的、与该群体在主要特征上相同或相似的对象。试用的目的主要是发现问卷编制中的问题，特别是不易理解、不易作答、不易进行后期分析的问题。

（三）访谈调查

如前所述，调查还可以口头进行，即访谈，调查者根据被调查者的回答做笔录。调查者有时也会使用问卷提问，一般能达到书面征答的同样目的。与书面征答相比，访谈的优点有：如被调查者有不明之处，调查者可反复说明；调查者还可以就某些问题做深度调查，了解一些最新的信息。访谈的主要局限是工作量大，调查结果难以统计。

进行访谈调查时，应注意：事先准备好发问的顺序，说话要围绕主题，目的明确；与被调查者保持平等的关系，谈话时态度亲切、冷静，不要批评或表示惊讶；不要轻易打断被调查者的回答；不要催促回答，更不可暗示和启发；必要时，让被调查者相信其意见将受到保密；等等。

三、编制观察表

观察是评价者亲临教学设计成果的试用现场，了解教师和学习者使用该成果样品的情况和问题。观察所收集的资料是被观察者的常态表现，这对客观地、正确地评价某些事物至关重要。

（一）观察表的类型及特点

观察时通常应使用观察表。观察表分为检核观察表和轶事观察表2种。

1. 检核观察表

它把观察的事项分为几种情况，每次观察把某种现象归属于几种情况记录下来。记录的形式有多种，其中一种是将规定观察的事项逐项编入双向细目表，以便进行简要判断。

表5-14　检核观察表（某学习者一节课中学习活动情况记录）

观察事项 / 观察时间	注意听讲	回答问题	阅读课本	个人作业	相互讨论	注意力分散
第2分钟	√					
第4分钟	√					
第6分钟	√					
第8分钟			√			
第10分钟					√	
第12分钟					√	
……						
第42分钟				√		
第44分钟						√

表5-15　录像教学后学习者做练习情况的观察表

观察对象 / 观察内容	个别学习者	小部分学习者	大部分学习者	几乎全体
在规定时间内完成练习	只完成一半	提早完成	√	
做练习时参阅印刷教材	完全不参阅	频繁参阅		√
询问指导者		√		
……				

另一种使用类似问卷中的多项选择型题或评等型题来记录观察情况，例如：

观察事项：学习者在录音教学时注意力集中的时间

观察记录：

A. 能较长时间注意

B. 有时不注意，但大部分时间注意

C. 注意力一般

D. 注意力较分散

E. 注意力经常分散

F. 完全不注意

观察事项：学习者在录音教学时注意力集中的时间

观察记录：

注意力　始终高度集中 5 4 3 2 1 始终分散

这种检核观察表能将观察者的注意力引向所要收集的观察对象的行为表现，并能快速、便利、有条不紊地把资料记录下来，以便观察者进行简要的判断。

2. 轶事观察表

该表要求将观察对象在教学活动中出现的具有典型意义的事件记录下来（如表 5–16 所示）。只要是被认为与评价目的有关的事件，不论是偶然的还是经常的，是预料中的还是意外的都要记录。那些偶发的、意料之外的事件更应审慎处之，需要详细记载，这里也许潜藏着对原设计极有价值的参考资料。轶事观察表的优点是对所发生的现象可自由选择记录，并详细描述。但这里所谓的"自由""详细"都是相对检核观察表而言。轶事观察表并非一张白纸，它有明确的观察目的和对象，对观察记录的时间、范围、事项、频数等都做了规定。

表 5–16　轶事观察表

教师	学习者	教学过程
播放前的指导与录像的开场白有矛盾； 对录像中强调不够的两处教学内容能提醒学习者特别注意，有一处不得已暂停放像 3 分钟 ……	对音乐很感兴趣，有人还轻轻地跟着哼了起来； 有一位学习者两次想记笔记，但来不及，颇为懊丧 ……	录像刚放完，下课铃就响了，师生没有再进行交流 ……

为提高观察效果，检核观察表和轶事观察表常结合使用。

（二）编制观察表

观察表的编制一般按以下 4 个步骤进行。

1. 制订观察计划

首先要确定需要专门观察和记录的行为。这种行为可以是学习者或指导者的单独活动，也可以是学习者或师生的群体活动；可以是师生的言语交流，也可以是学习者和指导者对教材的使用。设计者应选择易于观察和能计值的、非连续操作的外显行为，以便从观察记录中推断目标达成情况、学习者和指导者对教学的反应、教学呈现方式等。

如观察表用于收集有关目标达成的资料，设计者应描述目标被认为达成时应该出现的有关行为，例如，目标要求学习者能做某项体操，在观察表中可看到类似"并脚""伸臂""弯腰""屈腿"等规范动作术语。

如观察表用于收集有关学习者对教学反应的资料，设计者应界定哪些行为表明学习者是"一般参与""感兴趣"或"非常乐意参与"等。例如，当放映教学录像后，观察表要求记录在某个时间段内，有多少学习者眼睛盯住屏幕，有多少学习者不注意屏幕而在说话；在某个时间段里，有多少学习者在笑、在皱眉、在发愣或没有一种稳定的表情。

又如，当观察表用于收集有关教学是否按计划进行时，设计者应罗列出观察者必须注意和观察的有关教学活动事项。例如：

① 教师简单指导，分发材料。

② 学习者两人一组讨论，共同完成作业，每组作业不同。

③ 学习者汇报各自完成的作业。

④ 各组学习者对某组作业进行评论。

⑤ 教师按标准评析作业并做好记录。

设计成熟的观察表中所确定的有关行为通常是非常具体的，如对上述教学活动中的"教师简单指导"一项，应观察的具体行为还可分解为教师指导时间、教师对内容的讲授、学习者对指导的反应等。

2. 编制观察表

编制观察表应注意：清楚地陈述每种应观察的行为及其出现的时机，尽可能详细地描述该行为，但避免出现对观察者起暗示作用的推荐语；对单位时间内记录行为的次数或观察次数进行限制，如两分钟观察一次或观察一次只记录两种主要的行为等，因为观察者要追踪的行为越多，某阶段遗漏有重要价值的行为的可能性越大；行为的罗列要便于记录，某个时刻可能同时出现的行为应集中于观察表的一处，在某特定阶段出现的某行为应列在这一特定阶段中。

3. 制定对记录资料进行分析和解释的标准

当制表基本就绪时，设计者应假设通过观察可能获得的记录样本，并考虑建立解释这些样本所使用的标准。例如，教学电视节目放映时，学习者应表现出何种反应，观察者才能得出该节目能激发和维持学习者兴趣的结论；小组讨论中，有多少学习者发言，才能说明学习者积极参与。

解释记录样本所使用的标准通常也是很具体的，如前例观察"教师简单指导"的各种行为，对其进行分析和解释的标准是：

① 教师指导时间：7 至 10 分钟为宜，多于 10 分钟为过长，少于 7 分钟为较少。

② 教师讲解：按序讲解，始终结合实例——好；按序讲解，但理论与实例脱节——一般；不举例，仅讲解理论定义——差。

③ 学习者对指导的反应：无人或少量学习者提问——指导清楚或练习适当；大部分学习者提问，要求重讲——指导不清楚或练习太难。

4. 审核观察表

与其他评价工具一样，观察表编制后应有审核。审核者应考虑的问题包括：根据观察目的，所列要求观察的行为是否都很重要？行为的陈述是否清晰明确？被观察行为的限定数是否可信可行？为便于观察，是否对观察项目做了适当编排？标准是否以可能观察到的基本行为为基础而制定？能否为以后解释观察数据提供依据？

观察表应让有经验的观察者做一次试用，这有助于完善表的设计。

（三）使用录像设备辅助观察

为了能反复、仔细地观察有关的行为表现，可以利用录像机先将教学过程摄录下来，事后再通过播放进行观察，或通过放录像来核对当场观察的记录是否符合真实情况，从而提高评价资料的可靠性。

四、编制量规

量规曾被定义成"为一项工作列出标准的评分工具"，现在多被看作一种结构化的定量评价工具。它一般是以二维表格的形式，从与评价目标相关的各个方面详细规定评级指标（见表5-17）。

表 5-17 研究性学习量规 [①]

分值	问题	信息收集	分类	分析	最终产品
4	学习者围绕一个主题自己确定问题	从多种渠道收集信息并准确标明出处	学习者为给信息分类，开发了计算机可识别的结构，如数据库	学习者分析信息并得出自己的结论	学习者有效使用多媒体展示自己的发现并发布到网上
3	给出主题后学习者自己确定问题	从多种渠道收集信息	师生为基于计算机的分类结构共同想办法，学习者自己创建分类结构	学习者分析信息，并在教师指导下得出自己的结论	学习者有效使用多媒体展示自己的发现
2	学习者在教师帮助下确定问题	从有限的渠道收集信息	师生共同开发计算机可识别的结构	学习者在教师指导下分析信息并得出结论	学习者使用多媒体展示自己的发现
1	教师给出问题	只从印刷物收集信息	学习者使用教师开发的计算机可识别的分类结构	学习者复述了所收集的信息	学习者使用常规媒体展示自己的发现，如书面报告

（说明：本表笔者略做改动。）

---

① 闫寒冰.信息化教学评价——量规实用工具［M］.北京：教育科学出版社，2003.

为了更好地评价学习者的学习效果，设计量规时要注意：根据教学目标和学习者的水平设计结构分量；根据教学目标的侧重点，确定各结构分量的权重；用具体的、可操作的描述语说明量规中的每一部分；尽可能让学习者参与设计。

量规的形式并非一定是固定不变的表格形式，如有的量规用项目符号为引领，表明各项标准；也有的量规给出所要求的最高标准而不写明其他较低标准。

五、设计档案袋

设计档案袋时要考虑想达到的目的，因为不同的档案袋有不同的构成。在这方面，格莱德勒（M.E.Gredler）提出的档案袋分类思想可供参考。他将档案袋分成以下 5 种类型。[①]

1. 理想型（ideal）

这类档案袋主要记录学习者在一段时间内的学习进程，促进学习者的学习反思和非正式评价。它主要包括学习目标、学习计划、学习活动清单、作品的制作过程说明、不同阶段的作品、学习者自己及别人对作品的评价等。

2. 展示型（showcase）

这类档案袋为班级或更大范围内的展示提供学习者作品范例。它主要包括学习者自己选择的最得意的实验报告、调查报告、研究论文、艺术作品等。

3. 文件型（documentation）

这类档案袋以学习者的作品为基础，采用量性和质性评价的方式，提供一种系统的记录。它主要根据一些学习者的反映和教师的观察、考察、轶事、测验等，得出学习者进步的系统性、持续性记录。

4. 评价型（evaluation）

这类档案袋提供学习者在作品方面所取得成绩的标准化报告。它主要是由

① Gredler M E. Implications of Portfolio Assessment for Program Evaluation [J]. Studies in Educational Evaluation, 1995, 21（4）: 431—437.

教师建立的学习者作品集。评价的标准是预先确定的。

5. 课堂型（class）

这类档案袋在一定环境中为家长、管理人员及他人提供教师对学习者成绩进行判断的信息。它由 3 部分组成：依据课程目标描述所有学习者取得成绩的总结；教师的详细说明和对每一个学习者的观察；教师的年度课程和教学计划及修订说明。

此外，还有以信息技术支持的档案袋，又称电子学档（E-Learning Portfolio）。它是指学习者运用信息技术记录和展示其在学习过程中关于学习目的、活动、成果、付出、进步以及对学习过程和结果进行反思的一种集合体。它调动学习者运用各种信息技术进行学习，主动建构新知识，每个学习者使用技术时将会体现其个性特征，具有一定的创造性。电子学档一经形成，会让学习者获得成就感和深入探究的原动力。它可以连接在教育网络资源上，为大家共享，成为其他学习者学习和参考的榜样，激起大家的潜在竞争意识和热情。同时，每个学习者很容易认识到自己在学习上可以不断进步，可以取得更大的成绩，从而产生改进自己学习状况的兴趣和责任感。实质上，这是一种基于表现的过程性评价方式，学习者本身就是评价的主体，有利于让学习者了解自己，从而对自己的学习负责，真正成为学习的主人。

表 5-18 为某小学学生成长档案内容明细。

表 5-18　某小学学生成长档案

序号	内容		存袋情况
1	让你了解我	成长小档案（个人介绍、照片等）	
2	我很棒	《小学生素质发展报告书》	
		我得到的奖励……（各种荣誉证书、奖状）	
3	我最满意的	一张语文、数学、英语等学习考查卷	
		一篇日记（或作文或日记本）	

（续表）

序号		内容	存袋情况
3	我最满意的	一张手抄报（或剪贴报）	
		一次语文、数学、英语等学科作业	
		一次写字作业（或书法作品）	
		一幅绘画或美工等作品	
		一件小制作	
		一次综合实践活动的成果	
4	我真努力	我做的好事有……（时间、地点、干什么）	
		我看了很多课外书（书名）	
		我会背诵很多篇课文（文题）	
		我会背诵很多古诗（诗题）	
		我知道很多成语	
		我知道很多名言警句	
		我又学会好几首歌（歌名）	
		我认识了许多名人以及他们的故事（人名）	
		我发现了许多问题	
		我参加了校内外的实践活动	
		我还学会了很多本领……	
5	成长评价	自我评价（日记或反思）（中、高年级）	
		家长的话……	
		老师的话……	
		好朋友的话……	

第五节　撰写教学评价报告 [①]

教学评价的结果可以以书面报告的形式呈现，即教学评价报告，又称培训效果评估报告。教学评价报告既是对前期培训工作的总结回顾，也为后续培训的开展及优化打下基础。

一、教学评价报告的五大内容

教学评价报告应包含提要、前言、实施过程、评估结果、附录等主要内容。

表 5-19　培训效果评估报告的撰写内容

内容	具体说明
提要	· 对培训效果的评估要点进行简要概述 · 语言要求简明扼要
前言	· 说明评估实施背景，以及培训项目的情况（培训时间、地点、人数及课程等内容） · 明确评估目的和评估性质 · 说明以前是否有过与此评估项目类似的评估，并进行对比
实施过程	· 是培训评估报告的重点，即评估报告的方法论部分 · 主要撰写评估的内容、评估方法及评估程序等方面

---

① 课思课程中心 . 培训运营体系设计全案 [M].2 版 . 北京：人民邮电出版社，2018.

（续表）

内容	具体说明
评估结果	· 阐明培训评估的结果 · 包括培训课程评估结果、培训讲师评估结果及培训组织者的评估结果 · 尽量用图表对评估结果进行解释说明 · 根据评估结论，提供可以改进和参考的建议或意见
附录	· 主要包括收集和分析资料用的图表、调查问卷及部分原始资料等

二、撰写教学评价报告的五大要点

在撰写教学评价报告时应注意数据信息的来源、整体效果、实事求是、受训学员的积极性以及实时监控五个要点。

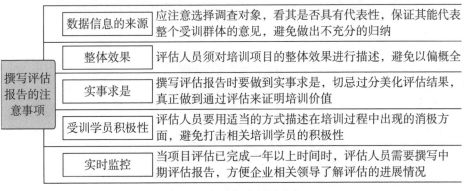

图 5-4　评估报告撰写要点

三、课程评价报告范例

表 5-20　培训课程评估报告

文本名称	培训课程评估报告	受控状态	
		编号	

一、培训评估背景

　　企业对销售人员进行了销售方面的培训，培训结束后对此次培训课程进行评估。此次培训评估采取调查问卷的方式进行，根据受训人员的数量，共发放调查问卷 50 份，回收有效问卷 48 份。

（续表）

二、课程评估

对此次培训评估主要从以下三个方面进行：课程内容、课程讲授、课程应用和启发。具体评估结果如下。

1. 课程内容评估

（1）课程内容的针对性

通过回收的 48 份有效问卷，对课程内容的针对性评估如下表所示。

课程内容的针对性评估

针对性等级	针对性很强	针对性较强	针对性一般	针对性差
受训人员评价	10%	50%	30%	10%

其中，一半的受训人员认为培训内容具有较强的针对性，但还有 30% 的受训人员认为课程针对性一般，因此在培训课程的针对性设计上还须加强。

（2）课程的实用性

课程的实用性主要评价课程是否能够让销售人员在实际的工作中得到有效利用。具体评估如下表所示。

课程内容实用性评估

实用性等级	实用性很强	实用性较强	实用性一般	实用性差
受训人员评价	60%	25%	10%	5%

通过问卷调查，发现只有 5% 的受训人员认为此课程的实用性差，有 60% 的受训人员认为课程的实用性很强。因此，此次培训课程在实用性方面的设计还是非常成功的。

（3）课程对解决实际问题的帮助

课程的设计对解决实际问题的帮助是评估培训课程的一项重要指标，课程对解决实际问题的帮助程度调查问卷结果如下表所示。

课程对解决实际问题的帮助程度

帮助等级	帮助非常大	帮助较大	帮助一般	没有帮助
受训人员评价	60%	10%	20%	10%

通过问卷调查发现，此次课程在对解决实际问题的帮助方面是非常成功的，只有 10% 的受训人员认为没有帮助，通过问卷开放式问题了解到，课程对解决实际问题帮助不大的原因主要有以下三个方面：一是课程未进行需求调研；二是课程设置人员未参加过实际操作；三是课程内容未提供解决问题的思路。

（续表）

（4）课程内容与个人期望内容

通过回收的 48 份有效问卷，对课程内容与个人期望内容的调查结果如下表所示。

课程内容与个人期望内容的差距

差距等级	差距很大	差距一般	有点差距	二者基本相符
受训人员投票数	10 张	20 张	15 张	3 张

由此可见，有近 20% 的受训学员认为课程内容与其个人期望差距很大，仅有 6.25% 的受训学员认为自己的个人期望和课程相符。因此，后续应重视课程设置前的需求调研工作。

2. 课程讲授评估

对课程讲授评估主要采取问卷调查的方法，发放问卷 50 份，回收有效问卷 45 份。课程讲授评估结果如下表所示。（评估内容每项为五分制）

课程讲授评估统计结果

评估大项	评估内容	平均得分
课程讲授	1. 讲授技术水平	4.8 分
	2. 讲授实际操作水平	3.5 分
	3. 讲授语言技巧	2.5 分
	4. 授课重点是否突出	3.6 分
	5. 讲师回答问题的准确性	4.0 分
	6. 讲师讲授方法的合理性	4.0 分
	7. 讲师讲授方法的灵活性	3.9 分
	8. 讲师的专业性及经验	3.7 分

通过对课程讲授的评估，可以得出课程讲授总体技术水平较高、讲授重点突出、方法合理且灵活，基本上受训学员对课程讲授比较满意。但是在讲授语言技巧方面还有待提高，此项得分最低为 2.5 分，且离及格水平还相差很远。因此，提高培训讲师的语言技巧是下一步的工作方向。

3. 课程应用和启发评估

课程培训结束后，培训组织者需要对受训学员是否能够在实际工作中运用此项课程、此项课程对受训学员是否具有启发性以及获得启发的程度进行评估，具体评估结果如下表所示。

（续表）

课程应用和启发评估结果

课程应用	较多应用	有时应用	偶尔应用	不会应用
	60%	10%	10%	20%
课程启发	非常大	一般	较小	很小
	10%	50%	20%	20%

　　通过问卷调查，发现60%的受训学员较多应用此项课程，但是也有20%的受训人员不会应用此项课程。课程启发对50%的受训人员作用一般，仅对10%的受训人员启发"非常大"。因此，在课程应用和课程启发方面还有待加强。

　　三、课程评估总结

　　1. 课程的前期调研工作不够充分。

　　2. 课程内容设计方面考虑不够全面，实用性和启发性还有待加强。

　　3. 课程讲授方法比较成功，但是讲授人员的水平还有待提高。

　　四、课程评估建议

　　1. 加强课程设计前的需求调研工作，加强课程的针对性。

　　2. 根据课程的内容特点与受训学员的实际需求采取相对应的讲授方式。

　　3. 可以尝试采取课程试行的方式来检验课程设计效果。

报告人：＿＿＿＿＿＿＿＿＿＿＿＿

报告日期：＿＿＿年＿＿＿月＿＿＿日

编制人员		审核人员		批准人员	
编制日期		审核日期		批准日期	

四、培训评价报告范例

表5-21　培训效果评估报告

文本名称	培训效果评估报告	受控状态	
		编号	
一、培训项目基本情况 培训项目的基本情况如下表所示。			

（续表）

培训项目基本情况			
1. 培训项目	管理技能提升项目	5. 培训对象	企业中层管理人员
2. 培训机构	××培训公司	6. 受训人数	38人
3. 培训讲师	韩××	7. 培训日期	2010年11月8日至11月9日
4. 主办单位	公司人力资源部	8. 培训地点	公司办公楼第2会议室

二、培训背景

人力资源部于年初组织实施了员工的培训需求调查分析，特别对员工的工作绩效和日常行为表现进行了重点调查。人力资源部门发现不少员工（特别是主管级员工）在实际工作中常出现一些角色模糊、经验导向、工序流程不畅等问题。针对这些问题，人力资源部与相关部门负责人共同进行了分析，结合年度培训计划提出了本次培训方案，并决定于____年____月____日至____年____月____日在公司第2会议室实施本次培训。

三、培训评估

本次培训评估采用了问卷调查法、访谈法、笔试测验及操作测验等方法，对受训学员、培训讲师、培训管理人员进行了调查。

1. 问卷调查

问卷调查中共设计问卷____份，有效问卷回收率达到____%，问卷内容从讲师授课效果、培训内容设计、培训组织服务工作三个方面进行问题设计。其反馈结果如下表所示。

培训评估调查统计表

评估项目	权重	评估项目细分	评估得分	加权平均分数
讲师授课技巧	40%	课堂气氛的掌控能力	____分	____分
		授课的逻辑性与系统性	____分	
		课堂互动情况	____分	
		授课技巧	____分	
培训内容设计	40%	内容适用性	____分	____分
		内容难易程度	____分	
		培训课程时间安排的合理性	____分	

（续表）

（续表）

评估项目	权重	评估项目细分	评估得分	加权平均分数
培训组织工作	20%	培训场地的布置情况	＿＿分	＿＿分
		相关设施的准备情况	＿＿分	
		培训工作人员的服务质量	＿＿分	
合计				＿＿分

2. 培训效果评估

此次培训的价值与效果，本公司主要从骨干员工流失率、人均产值增长率、成本节约、客户满意度及员工能力的提高这五个方面进行评估分析（具体内容略）。

3. 培训成本

此次培训成本基本上控制在预算范围之内，符合公司规定。

四、培训总结

此次培训非常具有针对性，对提高员工个人工作的非技术能力和工作绩效有促进作用。

1. 做得比较好的方面

（1）课程内容针对性较强，与员工个人工作结合度高并且难度适中。

（2）多数知识点需要学员结合实际工作的具体情景才能更好地理解和运用，所以培训后的回顾和应用对培训的效果有直接的影响。

（3）员工整体工作状态发生了很大的变化，各项工作按照规范的流程得以有序进行。

2. 需要改进的地方及改进措施

（1）在此次培训实施过程中，有部分应参加培训的员工因各种原因未能参加此次培训，可见人力资源部与部门相关负责人的培训组织与管理工作没有做到位，应在今后不断加强此方面的工作。

（2）根据公司《员工培训管理制度》的要求，人力资源部须对员工参加培训的情况进行详细的记录并做相应处理。

报告人：＿＿＿＿＿＿＿＿＿＿

报告日期：＿＿＿年＿＿＿月＿＿＿日

编制人员		审核人员		批准人员	
编制日期		审核日期		批准日期	

后　记

　　2021 年 7 月，中共中央办公厅、国务院办公厅印发《关于进一步减轻义务教育阶段学生作业负担和校外培训负担的意见》（简称"双减"政策）。同年，为贯彻落实"双减"政策，深化校外培训机构治理，上海市委办公厅、市政府办公厅印发《上海市关于进一步减轻义务教育阶段学生作业负担和校外培训负担的实施意见》。为有效推进"双减"政策要求的落地，根据上海市教委对上海市社会培训机构发展的整体规划和部署，促进上海市校外培训机构规范发展、提升从业人员专业素养及能力，上海市教师教育学院受上海市教委委托，领衔"上海市培训机构从业人员能力提升"研究与实践项目，围绕社会培训机构从业人员的能力发展现状及岗位能力胜任力，在全市开展全面调研的基础上，整合上海及全国法律、教育教学、教育心理等专业力量，共同编著专门服务于培训机构从业人员培训的"职业素养"和"教育学基础"配套教材，为从事此类人员培训的培训者的专业能力和综合素养提升提供有力的专业支持。

　　由于这样的培训项目和涉及的内容尚未有可参考借鉴的先行经验和资料，所以本书历时 2 年，从书稿的总体定位、章节架构到各章节核心内容的确定，最后到文本的编撰，每一个文字和标点符号都凝聚着项目组全体成员的心血，也汇聚了团队对上海乃至全国的培训机构从业人员能力提升的期望，为能构筑一个安全、专业的培训市场贡献上海智慧。

　　非常感谢上海市教委培管处的指导和上海市培训协会的通力协作。更要感谢五个章作者的智慧奉献：张杨紫祺撰写"社会培训中的教与学"、许环环博士撰写"课程开发"、屈曼祺博士撰写"教学设计"、迟佳慧撰写"教学实施"和

"教学评价"，每章都彰显出五位作者对校外教育独到的理解、对教育教学基础的深入把握以及自身深厚的专业素养。2022年疫情期间，每周一次的读稿会，我们彼此陪伴、相互鼓励，用专业和情怀成就了本书。

我们也希望本书能为全国各地教育培训机构针对从业人员能力提升的培训、培养提供参考，共同推进校外培训机构从业人员的管理水平，提升行业治理能力和治理水平，最终更好地落实立德树人的根本任务，保障"双减"改革任务落实。

图书在版编目（CIP）数据

新时代培训师教育学基础 / 李宝敏，陈霞编著. ——
上海:上海教育出版社, 2023.9
ISBN 978-7-5720-2281-4

Ⅰ.①新… Ⅱ.①李…②陈… Ⅲ.①职业培训－教
师素质－研究 Ⅳ.①G451.6

中国国家版本馆CIP数据核字(2023)第174375号

责任编辑　茶文琼
封面设计　王　捷

新时代培训师教育学基础
李宝敏　陈　霞　编著
_____

出版发行　上海教育出版社有限公司
官　　网　www.seph.com.cn
地　　址　上海市闵行区号景路159弄C座
邮　　编　201101
印　　刷　上海展强印刷有限公司
开　　本　700×1000　1/16　印张 15.5
字　　数　234 千字
版　　次　2023年11月第1版
印　　次　2023年11月第1次印刷
书　　号　ISBN 978-7-5720-2281-4/G·2019
定　　价　68.00 元
_____

如发现质量问题，读者可向本社调换　电话：021-64373213